歴博フォーラム 戦争と平和

総合展示第6室〈現代〉の世界1

国立歴史民俗博物館＋安田常雄　編

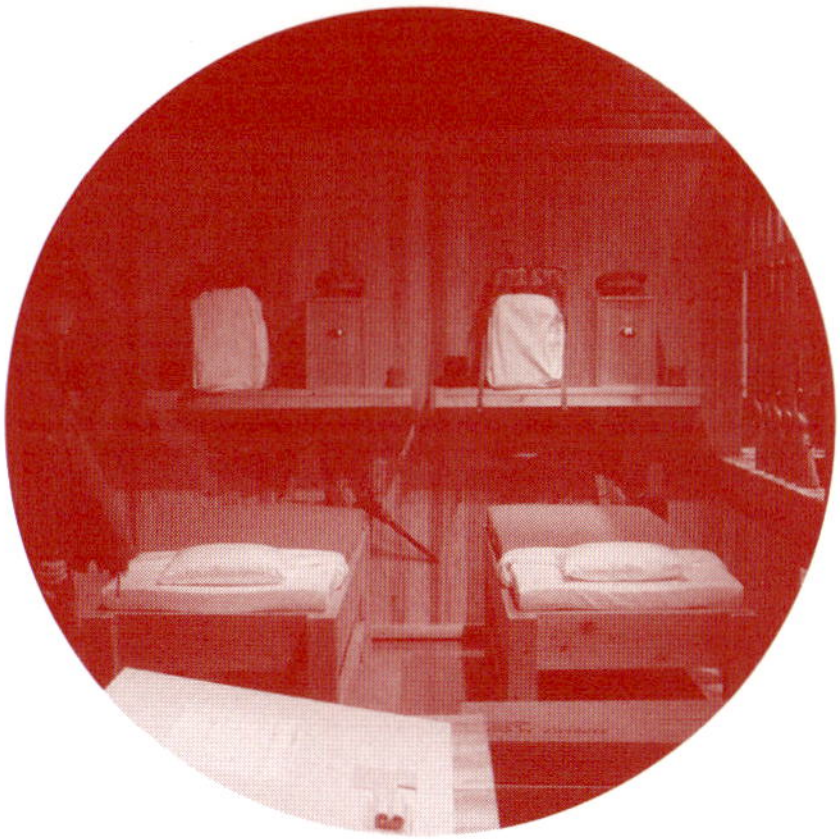

東京堂出版

国立歴史民俗博物館　総合展示第6室〈現代〉

●展示室のようす①　エントランス（上）と入口付近からみた「Ⅰ戦争と平和」展示（下）

●展示室のようす②　上は内務班の再現コーナー、下は壁面に入営祝の幟。

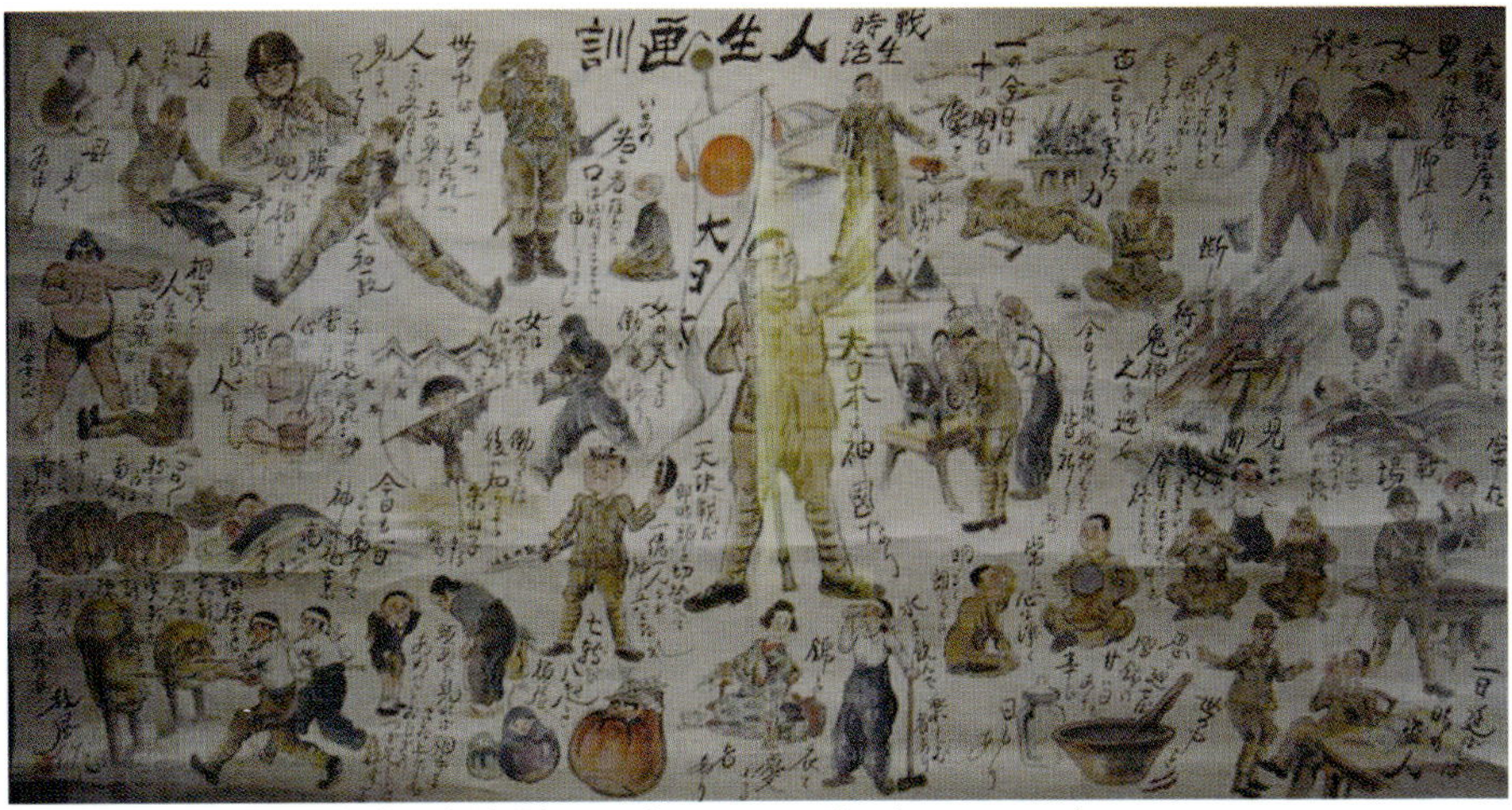

●戦時生活人生画訓（歴博所蔵）　昭和 19 ～ 20 年（1944 ～ 45）
絵とともに、「一日延ばしは時の盗人」「常在戦場」「一大決戦だ即時頭を切替へて一億一人々が神兵たれ」などといった教訓が記されている。

①

②

●中国山東省に駐留した歩兵第二百十二連隊長が描いた戦場での日々（原品・恵藤英夫氏所蔵）
①「討伐出動」　②日本軍に協力し戦死した中国人兵士の葬儀のようす

・「入営」

・「行軍」

・「点呼」

・「除隊」

・「食事」

・「武器手入」

●絵はがき「軍隊生活」(歴博所蔵)
入営から除隊まで、軍隊内での生活のようすが漫画でコミカルに描かれている。

歴博フォーラム　戦争と平和

目次

戦争と平和
戦争と平和

第７０回歴博フォーラム
「戦争と平和」

《編集協力》

佐久間俊明……参考文献、年表作成
鵜飼恵里香……テープ起こし、編集構成
岡崎健二………装丁・レイアウト、年表デザイン

《挿図・写真》

本書収録の写真については、特に断わりが無い限り、すべて国立歴史民俗博物館所蔵のものです。

趣旨説明

展示「戦争と平和」の基本的視点

安田常雄
国立歴史民俗博物館副館長／第6展示室代表

ただいまご紹介いただきました安田と申します。第6展示室の代表となっておりますので、現在の段階で、第6展示室をどのようなイメージで考えているかという点を中心に、ご報告をさせていただきます。

本日のレジュメには、「展示『戦争と平和』の基本的視点」という文章が収録されております。これは総合誌『歴博』の最新号に書いたものでして、第6展示室の基本的な考え方について記しております（後掲）*。また同時に大体のイメージを持っていただくということで、最初の部屋の図面と展示室の想像イメージというのを掲載してあります。

この図面は二〇〇七年九月現在のもので、その後修正が加えられ、現在でも詰めを進めている段階です**。そういう意味では最終版ではなく、今日の会合を契機に皆さんのご意見をいただきながら、修正をして行きたいと考えているところです。

* 12～13頁参照。

** 本書では大中小の展示テーマのみを落とし込んで簡略化した図面を掲げた。

国立歴史民俗博物館がめざすもの

国立歴史民俗博物館は、開館以来、日本の歴史と文化を総合的・通史的に展示することを目的に活動してきました。原始古代から中世、近世、近代と段階的に展示がオープンしてきましたが、「現代」にあたる第6展示室は、ご存じのようにこれまでなかなか開けないでいたわけです。近現代史については、一九二〇年代、大正末期から昭和初期のところでストップしています。けれども、昨今、世界の歴史博物館でも「現代史」への関心は増大しており、それぞれの国がかかえる諸問題を考えるためにも「現代史」の歴史展示が要請される現状になっています。たとえば、一昨年、ドイツのベルリンで開かれた国際シンポジウムでも、この現象は顕著に表れていました。ドイツの歴史博物館では、ナチ時代の歴史的総括と同時に、東西ドイツの統一とその後という問題意識をもって、現代展示に大きなスペースを割き、またカナダやニュージーランドの歴史博物館は、異文化融合の可能性を基本コンセプトに設定し、フランスでは「移民」問題を軸に新しい現代展示の方向性を模索していました。

そうした国際的状況の変化もあり、歴博でも数年前から館外メンバーも加わった展示プロジェクトを中心に、「現代展示」の構想を考えてきました。

歴博では、総合展示全体の基本的考え方として、生活史をベースにすることが大き

なテーマとして一貫してうたわれています。これは現代展示のみならず、原始古代以来、各時代の展示を貫く基本的コンセプトです。それに加えて、国際的な関係を重視するということがあります。もうひとつはマイノリティの問題に注意を払うということも大きな柱に含まれているわけです。先ほどの国際的状況を見るまでもなく、今や一国的な視野に拘泥しているということでは、国際的に通用する歴史展示というものはできないわけです。これは昨今の大きな流れということができるでしょう。そういう意味での国際性というものを極力意識しつつ、現在の学界などにおける研究状況を基礎にして、高い実証性をもってどのような展示ができるか、ということが核心になると思われます。

基本構想となった「佐倉連隊にみる戦争の時代」

それでは、歴博「現代展示」の特徴はどのように構成されてきたのでしょうか。その基盤の一つのなったのは、二〇〇六年夏に行なわれた「佐倉連隊にみる戦争の時代」という特別企画展示*でした。これは企画展示で同年夏の数ヶ月の展示でしたが、かなり大きな反響をいただきました。一つの地域と一つの連隊、千葉を中心とする佐倉第五七連隊に焦点を絞り、明治初年以来の形成と展開、さらにその壊滅まで視野に入れて、その全体像を実証的に明らかにするという構成でした。これは歴博始まって

*特別企画展「佐倉連隊にみる戦争の時代」二〇〇六年七月四日～九月三日。

以来の「戦争展示」の試みとして受けとめられ、特に実際に経験された地元の体験者の方々を中心に評価された企画でした。

しかし他方ではいくつかの問題点もございました。ひとつは、佐倉の第五七連隊を中心にする展示でしたので、かなり地域的に限定されていた点、それをもう少し、全国的規模といいますか、広い視野で捉えるということが、どうしても必要ではないだろうかという批判です。また第五七連隊の兵士は戦争が始まると「外地」に出征していくわけです。日中戦争開始とともに中国、「満州」(現・中国東北部)に出て行きます。またアジア・太平洋戦争の開始にともなって、グアムやレイテに出て行きます。そのとき、その出て行った先での行動を、現地の住民との関係でどのように描くかが問われたと思われます。中国の人びとや南方の島々の人びととの関係です。そこには戦争協力もあれば、戦争への抵抗もある。つまり先ほど申し上げました国際的視点が問われるということになります。

二〇世紀として捉える現代展示の特色

その意味で、今回の第6展示室は、佐倉連隊の企画展をベースにしながら、その反省点をふまえて、再構成をするという考え方でスタートをしました。いくつかの特徴をあげることができるでしょう。まず第一は、戦争をとり上げるという意味では、もちろん戦争展示ではあるわけですが、展示プロジェクトの意図としては、「現代」展示という広い視野で戦争そのものを位置づけるものと考えております。そうすると、どこまで成功しているか難しいのですが、二〇世紀全体を視野におく必要があることになります。そうしますと、一九三一年（昭和六）の「満州事変」からスタートというだけでは、不十分であろうと思います。ということは、日清戦争、日露戦争も含んだ二〇世紀における戦争から出発することになる。本来ならば、日清・日露戦争は現在ある第5展示室のほうでやるべきだったのですが、全く触れていませんので、非常に限られたスペースですが、第6展示の冒頭のところに置きたいと考えております。＊本日の報告でも、のちに日清・日露戦争の専門家である原田敬一さんからお話しがあると思います。

第二には、日清・日露戦争から「満州事変」にいたる一九二〇年代という時代をどのように考えるかという視点です。教科書風にいえば、この時代は幣原外交に象徴されるある種の国際協調の時代だった。第一次世界大戦の終結以後、東アジアではワシントン条約体制を基礎に、東アジア国際秩序が再編成されます。それは、軍縮の時代であり、同時に三一運動や五四運動に象徴されるように、民族解放の運動が広がっていく時代でもあります。その意味で、非常に限られた展示スペースしかないのですが、一九二〇年代の象徴的出来事にも最小限触れることにしました。問いの核心は、そのような意味での国際協調の時代が、三一年以後なぜ戦争の時代に転換していくの

＊「現代」展示の対象とした時代については8、9頁の略年表参照。

かという、ある意味では古典的な問いですが、今なお重要なテーマであり続けているだろうと思うわけです。

「人の移動」という視点

第三番目は、今回の展示で、全体として意図しているいわば隠れた視点、「人の移動」という観点です。これに関しては二〇世紀全体の日本の歴史を見渡した時にも、いくつかの時点で「人の移動」が歴史の大きなトピックスとして浮かび上がってくる時代があります。今回の展示に即していえば、たとえば、ひとつは一九二〇年代から三〇年代において、東アジア規模で大きな「人の移動」が起こりました。いうまでもなく日本の兵士はアジア各地から南洋群島まで出ていきますし、多くの企業や職員、その家族も移動していきます。なかには一攫千金などを夢みて大陸に「雄飛」していった人びとも多数いたわけです。また逆にアジアや南方などの地域の人たちがたくさん日本にやってくる。そういう意味での「人の移動」の時代だったわけです。

次に「人の移動」が大きなテーマになるのは、敗戦前後の時代です。敗戦とともに、復員や引揚という形で、大量の日本人が日本に帰ってくる。また日本に来ていた多くのアジアを中心とする外国の人びとは、日本を離れていく。特に戦時中、戦時労働動員として連れてこられた朝鮮半島出身の人びとの一部は、戦後も帰国できないま

【佐倉連隊の歴史】		【主な出来事】
	1873(明治6)	徴兵令発布
歩兵第二連隊創設。	1874(明治7)	
第二連隊、西南戦争に出動(戦死者 339 名)。	1877(明10)	西南戦争
第二連隊、第二軍に属し日清戦争に出征。	1894(明27)	日清戦争
	1895(明治28)	下関条約
佐倉連隊区司令部設置。	1896(明治29)	
順攻略戦・奉天会戦に加わる。	1904(明治37)	日露戦争
れる (5月習志野へ移送)。	1905(明治38)	ポーツマス条約
にて創設)が →	1907(明治40)	
	1910(明治43)	韓国併合
	1914(大正3)	第一次世界大戦(-18)
	1917(大正6)	ロシア革命
	1918(大正7)	シベリア出兵
	1919(大正8)	三一独立運動、五四運動
	1920(大正9)	ベルサイユ条約、国際連盟発足
	1921(大正10)	ワシントン会議(-22)、四ヵ国条約
		九ヵ国条約・海軍軍縮条約
		不戦条約
		軍縮会議、ロンドン条約調印
		言、五・一五事件、日満議定書調印
		共協定
		告、第二次世界大戦
		大政翼賛会
		湾攻撃(太平洋戦争開戦)
		参戦、長崎に原爆、ポツダム宣言受諾

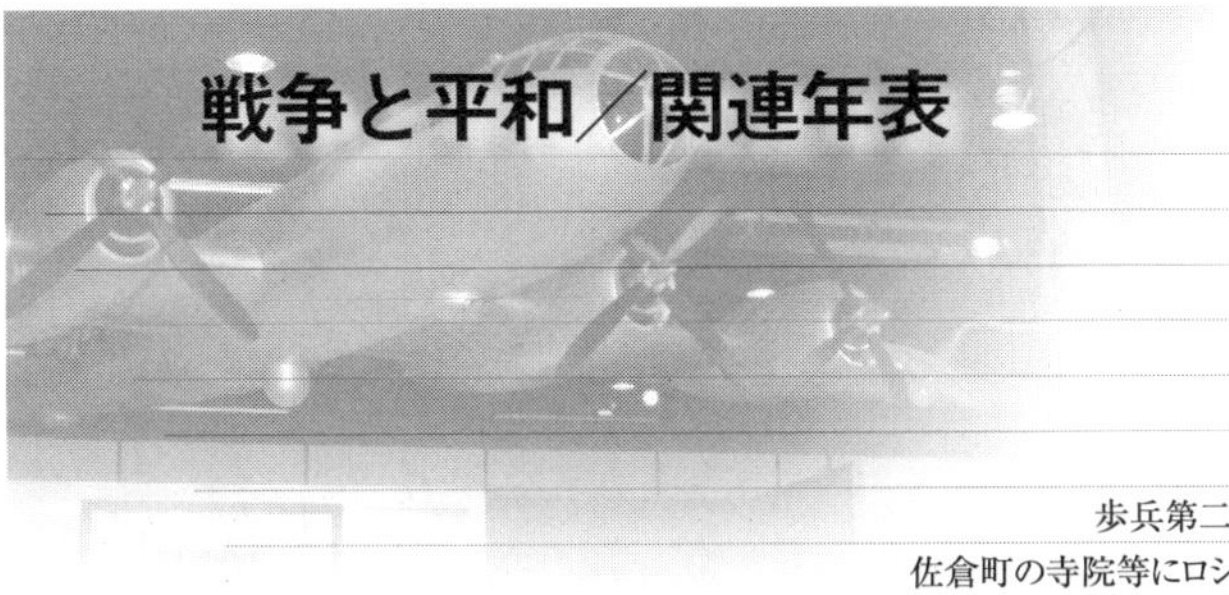

戦争と平和／関連年表

歩兵

歩兵

歩兵第二連隊、日露戦争に出征、旅

佐倉町の寺院等にロシア軍捕虜 300 名が収容さ

歩兵第二連隊は第十四師団に編入、代わって歩兵第五十七連隊（1905 年青森

第一師団に編入され、千葉県一円を徴募区とする。

歩兵第五十七連隊、関東大震災に際し横浜方面へ治安出動。

2月　歩兵第五十七連隊、二・二六事件に際し叛乱鎮圧のために出動。
5月　第一師団の満州派遣により、歩兵第五十七連隊、佐倉を離れ、チチハル・本渓湖などの警備につく。

9月　佐倉で歩兵第百五十七連隊（福井部隊）が編成され、華中に出征。
11 月　歩兵第五十七連隊、国境警備のため孫呉に移駐。

3月　佐倉で歩兵第二百十二連隊が編成される。

6月　近衛歩兵第五連隊補充隊、東京から佐倉に移駐し東部第六十四部隊（通称）となる。

2月　歩兵第五十七連隊第三大隊、独立混成第十連隊を編成し孫呉からグアム島に派遣される。
11 月　歩兵第五十七連隊、レイテ島オルモックに上陸、リモン峠でアメリカ軍と激闘。

8月　歩兵第五十七連隊、セブ島にて軍旗を焼き、停戦。

1922（大正11）

1923（大正12）

1928（昭和3）

1930（昭和5）　ロンドン

1931（昭和6）　満州事変

1932（昭和7）　満州国建国宣

1933（昭和8）　国際連盟脱退

1936（昭和11）　二・二六事件、日独防

1937（昭和12）　日中戦争

1938（昭和13）　国家総動員法

1939（昭和14）　アメリカ、日米通商航海条約廃棄通

1940（昭和15）　北部仏印進駐、日独伊三国同盟成立、

1941（昭和16）　日ソ中立条約、南部仏印進駐、ハワイ真珠

1942（昭和17）　翼賛選挙、ミッドウェー海戦

1943（昭和18）　ガダルカナル島撤退、学徒出陣

1944（昭和19）　サイパン島陥落、本土爆撃本格化

1945（昭和20）　東京大空襲、アメリカ軍、沖縄本島占領、広島に原爆、ソ連

ま戦後日本に居住することになるわけです。それが戦後の在日朝鮮人問題の起源になることはいうまでもありません。

さらに戦後まで射程を広げれば、いわゆる高度成長の時代というのも、かなり大規模な「人の移動」が列島全体の中で行われた時代でもあります。それは集団就職という名で呼ばれている新規学卒者の若年労働力の移動があり、農業基本法以後、中堅農民の出稼ぎにも拍車がかかります。一方、エネルギー革命の結果、閉山・失業に追い込まれた炭坑労働者家族は全国に散らばり、なかには南米に移民になっていく人びともいました。そういう意味で、それぞれの時代における「人の移動」と視点は、固有の歴史的な意味をもっていますので、その視点を全体として組み込みながらやっていきたいと考えております。

これについては、第6展示室をオープンするに際して、特別企画として一年間ですが「アメリカに渡った日本人と戦争の時代」という企画も準備しています。*

具体的な展示イメージ

それでは最後に、展示室の図面を参考にしつつ、大テーマ「戦争と平和」(一九四五年まで)の展示イメージの概略について、主な展示資料を参照しながらお話しさせていただきたいと思います。大テーマ「戦争と平和」は、「膨張する帝国」「兵士の誕

*本書「付録　歴博「現代」展示の見方・歩き方」の22項でも紹介した。

生」「銃後の生活」「戦場の実相」という四つの中テーマで構成されます。*

まず「膨張する帝国」ですが、近代国家としては遅れて出発した日本は、帝国主義の競争に参加し、日清戦争後には台湾を「帝国」の版図に加え、日露戦争後には「満州」の一部に権益を広げ、やがて朝鮮を植民地化します。そして一旦獲得した領土や権益を維持・拡張するため、昭和期にはさらなる戦争を始めることになります。ここでは先ほど申し上げましたように、時期をさかのぼって、日清・日露戦争から始め、一九二〇年代における国際関係をふまえた概況を描き出したいと考えています。日清戦争については、ビゴー撮影の「日清戦争写真帳」や日清戦争に従軍した軍夫の日記などを活用し、日露戦争および一九二〇年代については、特に朝鮮半島の植民地化に関わる統治と抵抗の資料によって概況を描き出すことにします。さらにこの中テーマのなかに、小テーマとして「帝国内の『人』の移動」をおき、ここでは雑誌『拓け満蒙《ひらけまんもう》』や『普通学校朝鮮語読本』などを活用することによって、「満州」「朝鮮」「南洋群島」とのあいだの「人の移動」の諸相を展示することになります。

第二の中テーマ「兵士の誕生」は、一人の人間が「国民」となり、「兵士」となるプロセスとメカニズムを描き出す予定です。この主題は、ここ十数年、近現代史研究で最も注目を集めた研究領域の一つであり、ここではその成果の上で、佐倉連隊を事例に実証的に明らかにします。主な展示資料としては、歩兵第二連隊（佐倉）の兵営模型、歩兵第五七連隊の兵舎模型、内務斑の実物大再現を中心に、三八式歩兵銃、そ

*「現代」展示のテーマについては、本書二五頁の一覧表も参照。

第6室「戦争と平和」のテーマ構成

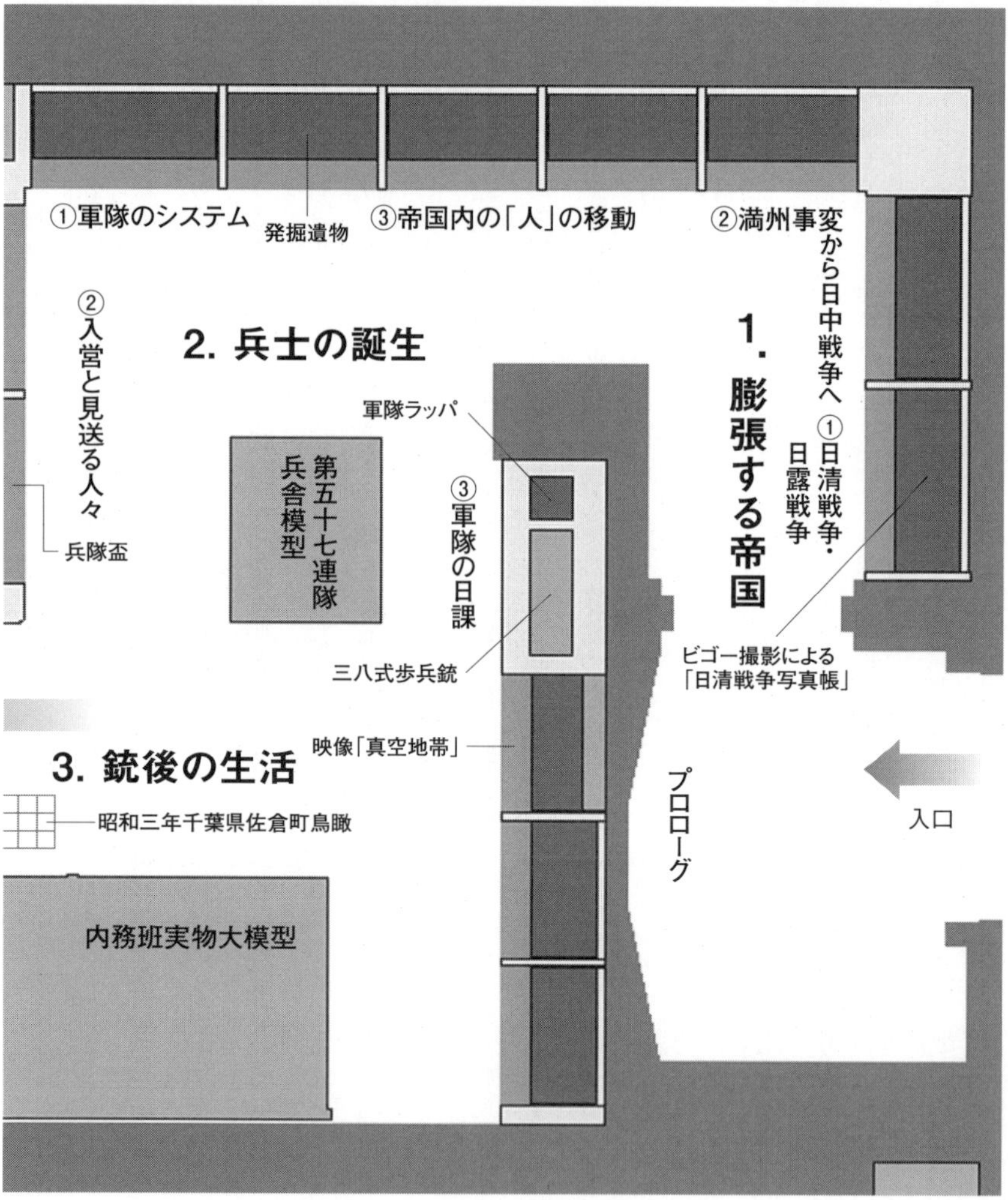

1. 膨張する帝国
①日清戦争・日露戦争
②満州事変から日中戦争へ
③帝国内の「人」の移動
ビゴー撮影による「日清戦争写真帳」
プロローグ
入口
2. 兵士の誕生
①軍隊のシステム
発掘遺物
②入営と見送る人々
兵隊盃
③軍隊の日課
第五十七連隊兵舎模型
軍隊ラッパ
三八式歩兵銃
映像「真空地帯」
3. 銃後の生活
昭和三年千葉県佐倉町鳥瞰
内務班実物大模型

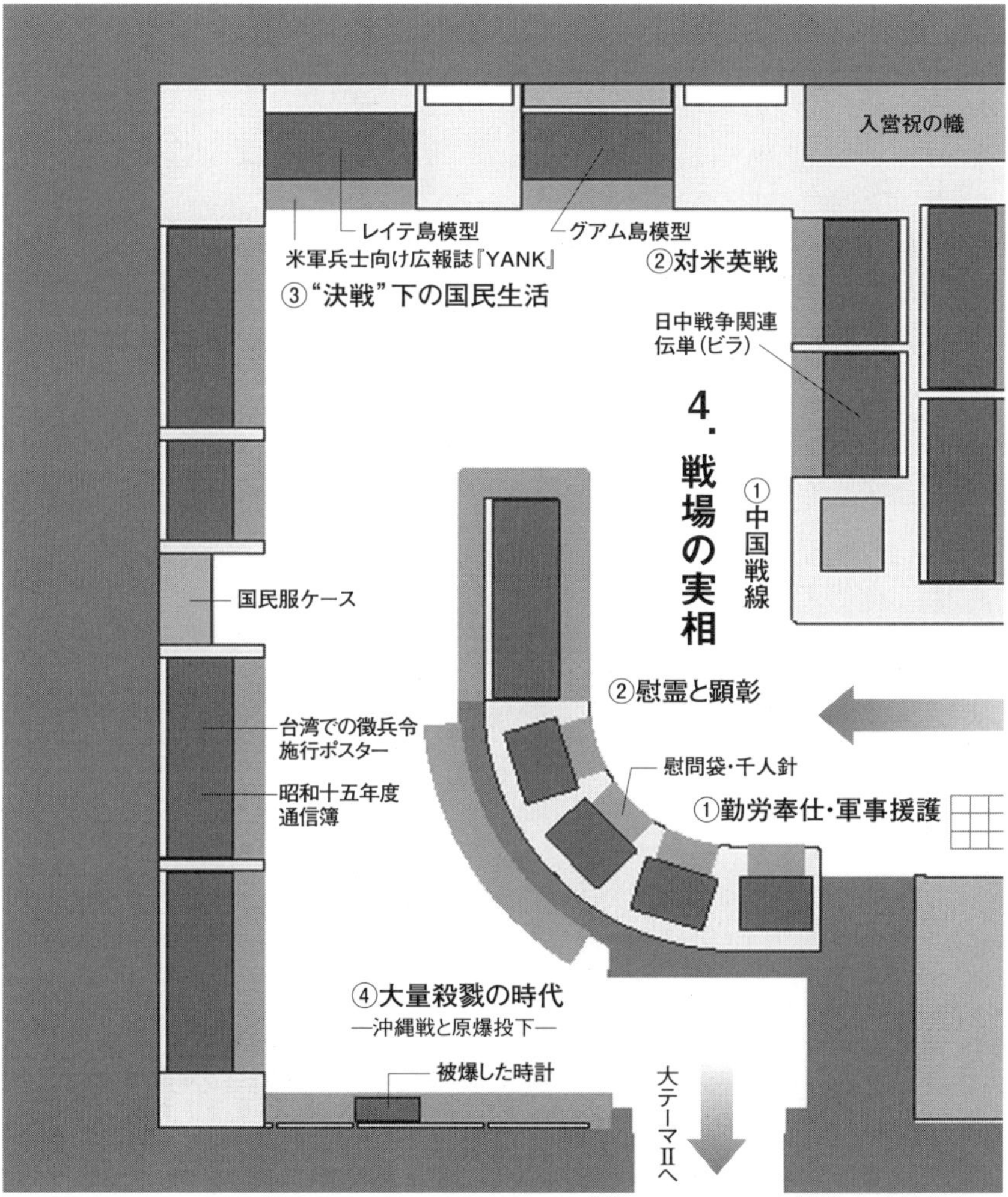
入営祝の幟
レイテ島模型
グアム島模型
米軍兵士向け広報誌『YANK』
②対米英戦
③“決戦”下の国民生活
日中戦争関連
伝単（ビラ）
4.
戦場の実相
①中国戦線
国民服ケース
②慰霊と顕彰
台湾での徴兵令
施行ポスター
慰問袋・千人針
昭和十五年度
通信簿
①勤労奉仕・軍事援護
④大量殺戮の時代
—沖縄戦と原爆投下—
被爆した時計
大テーマⅡへ

中テーマ 5. 占領下の生活は隣室。

して映画「真空地帯」の映像などによって構成される計画です。

第三の中テーマ「銃後の生活」は、前線で戦う兵士たちを支え、戦争に協力した「銃後」とよばれる社会の諸相を、描き出します。総力戦となった第一次世界大戦後には、女性も子どもや老人も、あらゆる国民が戦争への参加を求められるようになります。具体的には、出征軍人家族などに対する勤労奉仕や軍事援護として働き、慰問袋や千人針が作られて戦地に送られました。特に社会集団としては、国防婦人会や愛国婦人会が活躍しました。展示資料としては、それらの集団のたすきや小旗などが展示されます。また戦死者などに対する「慰霊と顕彰」も「銃後」の重要な仕事となりました。

第四の中テーマ「戦場の実相」は、佐倉連隊（歩兵第五七連隊、歩兵第一五七連隊）が参加した中国、フィリピンでの戦争に焦点をあてます。そこでは日中戦争で戦死した歩兵第一五七連隊兵士の遺品、レイテ島の日米戦場模型、フィリピン在地のゲリラ部隊の資料などによって構成します。また米軍あるいは日本軍が撒いた伝単（ビラ）は、アジア・太平洋戦争の日米情報戦争の実態をリアルに伝えています。またこの中テーマのなかには「〝決戦〟下の国民生活」のコーナーがあります。ここは比較的皆さんにも体験としてなじみ深いものであるし、教科書などで割合とよく知られているところでありますけれども、なるべく新しい資料を使っていきたいと考えています。たとえば「撃ちてし止まむ」の紙芝居など戦時下の各種ポスターや、朝鮮・台湾などの植民地化された地域の人びとに関する資料（たとえば、ポスター「武装台湾徴兵令下る」）から、植民地住民をも組みこんだ総力戦の一段面を見ることができるでしょう。またこの中テーマの最後は、沖縄戦と原爆投下で構成してあります。一方では二〇世紀の戦争の特徴の一つを無差別爆撃と捉え、その文脈をふまえながら、艦砲射撃を特徴とする沖縄戦の概況を主にパネル構成によって展示します。また原爆投下については、広島・長崎それぞれの原爆投下時刻で止まった時計などの資料を使いながら、原爆投下の実態について考えたいと思っています。*

歴博「現代展示」の「戦争と平和」は、ほぼこのような全体文脈の中で構成する計画でおります。これらの主題についてのより踏みこんだ研究史上の意味については、専門家の皆さんの報告やコメントがあると思います。本日さまざまなご意見をうかがい、それを展示に反映していくことにしたいと考えております。

＊以上の展示資料については、「付録　歴博「現代」展示の見方・歩き方」で主なものを紹介した。

総合展示の新構築　第6室

展示「戦争と平和」の基本的視点

安田常雄

二〇一〇年三月にオープン予定の「現代展示」第6室の最初の部屋は、「戦争と平和」と名づけられている。これは、主に一九三一年の「満州事変」にはじまり、日中戦争をへて、アジア太平洋戦争の敗北に終わる戦争の時代を対象にする。すでに本館では、二〇〇六年夏に特別企画「佐倉連隊にみる戦争の時代」をおこない、多くの反響を得た。これは本館はじめての「戦争展示」として評価されるとともに、連隊と兵士に限定され、しかも東アジアを含む国際的視点が弱いなどの批判も提出されてきた。今回の「戦争と平和」の展示は、こうした批判にどのように応答できるかが重要な論点となるだろう。ここではまだ構想中の部分を含むが、基本的なねらいについて簡略に記すことにしたい。

まず第一には、この展示は「戦争展示」というより「現代展示」の新構築をめざし、戦争も現代史ないし二〇世紀史の重要な一環として位置づけられていることである。その意味で限られたスペースであるが、本館第5室に展示のない日清日露戦争や韓国併合、また一九二〇年代の植民地や国際関係にも触れる

＊総合誌『歴博』一五五号（二〇〇九年七月）に掲載されたもの。

必要がある。それは世界史における一九二〇年代はいわゆる国際協調の時代であり、この「平和」の時代がなぜ急速に「戦争」の時代に滑り落ちていったかを考えていただくためでもある。

第二には、この展示の構想は基本的には特別企画展示「佐倉連隊にみる戦争の時代」を継承していることである。その基本的な視点は、兵士の誕生と兵士と地域社会との関係の二つである。ひとりの「人間」が「国民」となり「兵士」になっていくメカニズムを究明するという研究潮流は、ここ十数年の近現代史研究の主要な課題であったのであり、今回の展示でも内務班造作や兵営内教育システムなどの展示が予定される。また彼らを支えた地域社会は、国防婦人会や千人針、兵士への慰問袋などに象徴されるように、女性や子どもを含んだ総力戦というシステムのなかで戦争を支えていった。

しかしそうした兵士は、戦争がはじまれば「外地」に出征していく。佐倉連隊の例でいえば、日中戦争開始とともに「満州」に派遣され、アジア・太平洋戦争期にはグアムからレイテへと転戦をつづけ壊滅することになる。しかしそれぞれの地域は、現地の人びとにとっては暮らしの場であり、抵抗はさまざまな形をとって頻発する。それを弾圧し場合によっては虐殺をも辞さない力と、生活のための抵抗の力とのせめぎあいが朝鮮植民地や中国大陸や東南アジアなどで繰り広げられた。本展示では日中・日米両軍によるポスター・「伝単」（ビラ）の応酬を描き、くりかえし出される「従軍兵士ノ心得」などによって日本軍兵士の規律のゆるみや犯罪などへの傾斜も描き出したいと考えている。

第三のねらいは、第6室全体において「人の移動」という視点を設定したことである。「人の移動」とはグローバリゼーション下の現代的課題であるとともに、歴史的には二〇世紀史の重要な視点である。そこには戦争そのものから、移民・移住・難民、また多様な文化交流などを含んでいる。第6室展示においては、一九二〇年代の「人の移動」にはじまり、敗戦前後の時期や高度成長の時代にも大規模な「人の移動」があり、それぞれの時代における歴史的意味を考えることが重要だろう（なお現代史の企画展示室Bにおいては「アメリカに渡った日本人と戦争の時代」と題する展示を同時オープンする）。特に「戦争と平和」のパートにおいては、「満州」や南洋群島に加えて、朝鮮半島の人びとの移動が一つの焦点となる。周知のように韓国併合以後、一九二〇年にかけて多くの朝鮮半島の人々が日本にやってきた。そして三〇年代の皇民化の時代には創氏改名、日本語強制などによる同化政策が強められ、戦時体制下では戦時労働動員の名のもとに朝鮮半島から連れてこられ、日本各地の労働現場で苛酷な労働を強いられた。本展示では、こうした歴史的経緯をたどりながら、戦後につづく在日朝鮮人問題の起源にも照明をあてたいと考えている。

第6室「現代展示」の「戦争と平和」では、一国主義的視野に限定することなく、膨張する「大日本帝国」の各地域（朝鮮半島、中国、東南アジア、南洋群島及び沖縄など）をも含んで、この主題を考えたいと思っている。また総力戦の時代であっても、人びとのなかに存続した「平和」への希求を描き出したいと考えている。

基調講演

戦争研究と戦争展示

加藤陽子
東京大学大学院人文社会系研究科日本史学

一、はじめに

（一）本報告と歴博第六展示室で扱うテーマとの関係

こんにちは。私は東京大学文学部で日本近代史を教えている加藤陽子と申します。国立歴史民俗博物館と私との関係につきましては、来年三月に開室予定の第6展示室の準備に関しまして、私が外部評価委員を勤めていた関係上、本日の登板となったのではないかと推測いたします。本日はまことに暑い中、また新型インフルエンザの心配もあるなか、多数の皆様にお運びいただきまして、まことにありがとうございました。それでは、一時間ほどお時間を頂戴しまして、まことに僭越ではございますが、基調講演とさせていただきます。

歴博は第6展示室のオープンに向け周到な準備を進めて参りました。この第6展示室で扱うテーマは近現代史でありまして、だいたい一九三〇年代から七〇年代を対象としています。この時代を歴博では大きく二つの時代区分としました。これが大テーマと呼ばれるものでありまして、ローマ数字のⅠとⅡの項目を立て、Ⅰを「戦争と平和」、Ⅱを「戦後の生活革命」と銘打ちました。この「Ⅰ　戦争と平和」が本日の講演のテーマとなります。「Ⅱ　戦後の生活革命」は今年、すなわち二〇〇九年（平成二一）一二月一九日に開催されます第七三回歴博フォーラムでお話がなされる予定です。

このような、「Ⅰ　戦争と平和」という大テーマのもとに、中テーマが五つ設定されています。そのうちの四つ、算用数字の1番から4番について本日お話をいたします。なぜこのようなことを申し上げるかといいますと、実際に佐倉の歴博までお運びいただきまして展示をご覧になっていただく時、四つの中テーマの大枠が頭に入っておりますと理解が進むと思われるからです。四つとは、「1　膨張する帝国」、「2　兵士の誕生」、「3　銃後の生活」、「4　戦場の実相」であります。いま一つの中テーマである「5　占領下の生活」につきましては、今年の一〇月一七日に開かれます第七一回歴博フォーラムでお話がなされる予定であります。すでに終了しているフォーラムもありまして、たとえば、「Ⅱ　戦後の生活革命」のうち、「高度経済成長と生活の変貌」につきましては、中村政則先生によるご講演などが六月二〇日のフォーラムにおいてなされております。

大テーマ、中テーマというような区分につきましては、今、壇上から一度にこのように説明をされても一度聞いただけでは、なかなか頭に入っていかないことと思いますので、どうか何度も歴博に足を運ばれまして、順路にしたがって展示をご覧になるなかで思いだしていただければ幸いです。

ところで、「5　占領下の生活」については、私自身、正直に言って一番見てみたい展示ですね。ある時、すでに亡くなりました、脚本家・笠原和夫の書いた本を読んでおりました。この方は深作欣二監督『仁義なき戦い』の一連のシリーズを書いた人ですが、戦闘の場面や戦時中の生活についてのものではなく、敗戦後の闇市のセットを作るのがカツドウ屋さん（映画を作製する人）にとって最も難しいものなのだと書いていた記憶があります。テレビや映画などで大道具さんが作るのに一番困るのは、占領下の生活なのだそうです。これは生活に身近すぎて資料があまり残っていないのですね。にもかかわらず、人々の記憶にはしっかりと残っている。いい加減に作ると一番目につく部分だそうです。

むしろ戦争物などの場合、公式に写真が残っていたり、モーションピクチャーが軍自身の手によって作られたりしている。資料が多いということです。一通りのセットなどは受け継がれてあるわけです。ＤＶＤや再放送などで『仁義なき戦い』をご覧になる時は、どうか、この話を思いだして、じっくり眺めてみてください。この点、歴博の「5　占領下の生活」は、歴博の皆様が総力を挙げて取り組まれたと聞いておりますし、展示の概要などを拝見しても非常に面白い展示になっているようです。

◆歴博　総合展示第6展示室「現代」のテーマ

大テーマⅠ　戦争と平和

〈中テーマ〉　〈小テーマ〉

1. 膨張する帝国
   - ①日清戦争・日露戦争
   - ②満州事変から日中戦争へ
   - ③帝国内の「人」の移動
2. 兵士の誕生
   - ①軍隊のシステム
   - ②入営と見送る人びと
   - ③軍隊の日課
3. 銃後の生活
   - ①勤労奉仕・軍事援護
   - ②慰霊と顕彰
4. 戦場の実相
   - ①中国戦線
   - ②対米英戦
   - ③〝決戦〟下の国民生活
   - ④大量殺戮の時代—沖縄戦と原爆投下—
5. 占領下の生活
   - ①戦争の終わり
   - ②占領期の食糧事情と農村社会
   - ③焼跡・闇市と人びとの生活
   - ④民主化とタケノコ生活
   - ⑤占領政策の転換
   - ⑥終わらぬ戦後

大テーマⅡ　戦後の生活革命

〈中テーマ〉　〈小テーマ〉

1. 高度経済成長と生活の変貌
   - ①産業化する日本列島
   - ②公害列島日本と人びとの暮らし
   - ③家庭電化と都市型生活
   - ④消費社会化と生活変化
2. 大衆文化からみた戦後日本のイメージ
   - ①喪失と転向としての戦後
   - ②冷戦としての戦後
   - ③民主主義としての戦後
   - ④中流階級化としての戦後
   - ⑤忘却としての戦後

（二）「戦争と平和」にかかわる記念館・資料館

さて、本日は、歴博の第6展示室の意義、みどころがどこにあるのかについてお話をしたいわけですが、歴史学というのは比較と相対化が大切ですので、この点、すでに開館している「戦争と平和」に関係する記念館や資料館との比較から、歴博の面白さを浮き彫りにしたいと思います。

①昭和館(1)

まずは「昭和館」からみていきましょうか。昭和館は、戦没者遺族をはじめとする国民の生活上の労苦（昭和一〇年頃〜三〇年頃）に関わる歴史的資料・情報の収集・保存・展示のための施設で、一九九九年（平成一一）に開館されています。日本遺族会などの協力を得て、設置者は厚生労働省となっています。

常設展示はこの七月からリニューアルされているようで、空襲について体感できる防空壕などを作成し、体感展示という言葉を使い、なかなか工夫がなされています。遺族の戦後の労苦ということが掲げられておりますが、この昭和館に関しましては、当初は、先の戦争に関するさまざまな一次史料、それも各国語にわたる一次史料を収集しようとの意気込みで準備された時期もありましたので、なかなか面白い史料があ

（1）所在地は、東京都千代田区九段南1丁目6—1。最寄り駅は営団地下鉄、九段下駅。

ります。

展示をご覧になるだけではなく、史料や図書、雑誌なども閲覧請求してみてください。この準備にあたられたのは、現在、呉市にあります大和ミュージアムの館長であり、戦艦大和の縮小版復元の指揮を執られました戸高一成氏でありました。戸高氏は帝国海軍の史料に関する第一人者であるだけでなく、小学校の頃から神保町の古本屋さんに出入りするような少年であったこともあり、昭和館には、ここだけにしかないような珍しい戦後直後の雑誌などのバックナンバーがありまして、なかなか奥が深いのです。もちろん、戸高氏が海軍の資料保存会から引き継いだ貴重な一次史料なども収蔵されているはずです。また、現在は赤城毅というペンネームのエンターティメント作家になられたドイツ近現代史研究者の大木毅氏も昭和館におりましたから、ドイツ関係の刊本もよく揃っています。

②しょうけい館(2)

2番目は「しょうけい館」です。別名を戦傷病者史料館といいます。二〇〇六年(平成一八)に開館しましたので比較的新しいものです。戦傷病者史料館という名称をひらがなで親しみやすくするために「しょうけい館」と書いております。戦傷病者とその家族が戦中・戦後に体験した労苦についての諸資料が集められています。日本傷痍《しょうい》軍人会が協力をして設置者は、やはり厚生労働省となっています。

(2) 所在地は、東京都千代田区九段南1丁目5—13。最寄り駅は営団地下鉄、九段下駅。

こちらで今なされている新しい展示は、傷病兵となった人々が暮らした箱根療養所をめぐる展示でしょうか。病という観点は、歴史学でも、フランスの歴史学者・哲学者のミシェル・フーコーが国家権力を下から分析する視角として編み出した視角ですから、なかなかに学問的にも面白い切り口ができる資料館です。「しょうけい館」の取り組みとして最も注目されるのは、傷病者となった兵士たちの証言を、一人、八分とか一五分といった比較的長いかたちで映像、ＤＶＤに収録してある点です。兵士の証言を映像で残すことは貴重ですね。ずっとテープを回していますと話をする兵士の表情などからさまざまな真実が写し取られることがあります。

たとえばドイツではナチスの惨禍を逃れたユダヤ人が収容所の体験を語る八時間あまりの長いドキュメンタリー映画「ショア」がありました。ショアとは、ヘブライ語でホロコーストの意味で使われます。ナチスの採用したユダヤ人絶滅政策のことです。ＮＨＫなどでも兵士たちの証言記録を集めて、二〇一一年、太平洋戦争開戦七〇周年を期して、アーカイブを立ち上げる予定があるようです。「ＮＨＫ戦争証言プロジェクト」という取り組みです。この八月まではパイロット版で、実験的に公開がなされています。文章とは違い、兵士がたんたんと語っている時、たとえば、いっけん、なんでもない場面や言葉を語っている時に、突然、兵士が言葉に詰まって嗚咽《おえつ》を漏らされる場面にぶつかることがありますね。これは、文字の記録を補う上で非常に重要な試みだと思います。本来の放送では一分、三分というように短くカットされて放映されたものに対して、戦争証言プロジェクトがスタートしたあかつきには、一人ひとりの元兵士たちから収録した、全時間のテープが見られるようになるはずです。

軍隊は地域ごとに郷土で編制されましたから、誰が帰ってきて、誰が死んだか、地域においては戦争の記憶が生々しいわけですね。ですから、六〇〇人からの大隊で二、三人しか生きて還ってこなかったような戦場の話は、兵士としては生々しすぎて、身近に住んでいる遺族たちが可哀想で、なかなか話ができなかったといいます。それが、兵士たちも全員九〇歳前後になったということで、自らも最後の証言だという自覚があるので、初めて本当の戦場体験を語ったというような背景があったようですね。

③平和祈念展示資料館(3)

3番目は平和祈念展示資料館です。新宿住友ビル四八階という、非常に立地のいい場所にある記念館で、食事に訪れたりした家族がたまたま見たというような状況も想定可能な立地ですね。二〇〇〇年(平成一二)に開館しました。今度、NHKの朝の連続テレビ小説で「ゲゲゲの女房」が放映されるようですが、これは、「ゲゲゲの鬼太郎」で有名な水木しげる氏の奥様・武良布枝《むらぬのえ》氏が書いた小説ですね。

水木しげる氏は、とっても明るいキャラクターで知られています。しかし、実は最も苛酷な戦争体験を持つ方でもあります。水木氏の戦争体験を知るには、『水木さん

(3) 所在地は、東京都新宿区西新宿2丁目6—1。最寄り駅は都営地下鉄、都庁前駅。

の幸福論』を読まれるのが一番ですね。マンガを描く反対側の左手を彼は戦場で失っています。そうした縁もあってのことでしょうね、平和祈念展示資料館のPR画を水木氏は描いています。地下鉄などでご覧になったこともあるのではないでしょうか。

平和祈念展示資料館は、独立行政法人の平和祈念事業特別基金が運営しておりまして、恩給欠格者、戦後強制抑留者、引揚者という、三者の労苦に関係した資料を展示しています。日本遺族会や日本傷痍軍人会などからは洩《も》れた人々の労苦を救う目的で創られた基金でありますね。三者のなかでは、ソ連、今のロシアですが、ソ連に抑留されて強制労働に従事させられた方々の労苦が、最も重いかもしれません。

ここは総務省の管轄であります。独立行政法人になった後、恩給欠格者、戦後強制抑留者、引揚者、三者に対する補償が進み、そろそろ基金の役目も終っただろうということで、二〇一〇年九月、基金の解散をにらみ、総務省は、この資料館をどのように残していくかという点を検討するための有識者会議を組織し、この六月にその議論を発表したところです。

実物展示というのがミソで、引揚船中の様子ですとか、強制抑留者が外套《がいとう》の袖《そで》を黒パンと交換した後の、袖のない外套ですとか、そのようなものが展示されています。ロシア側の史料館が先頃、日本人の強制抑留者関係の史料があると発表しましたが、これはカード形式で、抑留者の姓名などが記されたもので、重複もあるために約七〇万枚あるといいます。基金の推計では、約五七万六〇〇〇人が抑留され、そのうち約

(4)『水木さんの幸福論』(日本経済新聞社、二〇〇四年)。

七万八〇〇〇人が未帰還であったとされています。

④自治体を設置者とする記念館など

以上のほか、埼玉県や沖縄県など、自治体を設置者とする記念館がありまして、代表的なものとしましては、埼玉県平和資料館、(5)沖縄県平和祈念資料館(6)などがあります。もちろん靖国神社にあります遊就《ゆうしゅうかん》館も触れなければなりません。ここは英霊ゆかりの品というかたちで展示がなされています。また、図書や一次史料などは、会員になれば館外貸し出しも可能ということで非常に便利な、使い勝手のよい資料館といえます。珍しいところでは、鉄道車輛がお好きな方にとっては垂涎《すいぜん》の展示物、泰緬《たいめん》鉄道で走っていたC五六などの展示もあります。ただ、どうしても英霊ゆかりの実物展示、あるいは戦争に関する戦利品などが展示されていたということもあり、資料館として示すべき歴史認識が自国の戦争の正当化に傾きすぎていると批判もなされました。

(三) 歴博展示の特徴

①昭和館、しょうけい館、平和祈念資料館などとの差異

これら、お金も、知恵も十分にかけられた資料館がたくさんあるなかで、歴博第

(5) 所在地は、埼玉県東松山市大字岩殿241—113。東武東上線高坂駅下車。
(6) 所在地は、沖縄県糸満市字摩文仁614—1。那覇から糸満までバス。

6展示室の特質はどこに見いだせるでしょうか。

歴博の特色ですが、まずは千葉県佐倉という地域特性があります。先ほど佐倉という地域にあまり限定してはいけないということを考えて、佐倉連隊の特別展から今回の第6室に拡大したと安田先生のお話がありましたが、やはり佐倉にありました第一師団、歩兵第五七《ごじゅうなな》連隊との関わりは重要です。

五七連隊の読み方がまずは問題で「ごじゅうなな」で良いのかという問題があります。戦前期では一般的に七は「しち」と読みましたね。旧制高校でいう七高は「しちこう」です。「ななこう」とはいいません。よって五七連隊といった場合、「ごじゅうしち」連隊といいそうですが、これが違う。作家・大西巨人さんの特異な軍隊小説『神聖喜劇』で出てきたエピソードだと思いますが、軍隊では、言い間違いや聞き間違いは許されません。四という意味の「し」と七という意味の「しち」では聞き間違いが起こります。まして、地域のアクセントが加わった時、非常に間違えやすい。ですから、四は「よん」、七は「なな」というように、通常の慣例とは違いますが、軍隊内ではそのように読んだといわれています。もちろん私が申し上げていることは、知識として得たものですので、地域では実際にこうであった、五七連隊内では実際に「ごじゅうしち」と呼んでいたのだ、などというご意見がございましたら、コメント欄にご記入いただければ、ありがたいと思います。遠慮なくコメントをいただきたいと思います。

②さらなる差異

　それでは、先に挙げました三つの資料館との差について、さらにお話ししましょう。歴博の展示においては、「日本人」全体への目配りがなされているといえるでしょう。サハリン（樺太）に戦前期、鉱山などで働かせるために朝鮮半島から半ば強制的に連れてこられた労働者たち、彼らが戦後に嘗《な》めた辛酸《しんさん》については、国際法学者の大沼保昭先生のご本[7]などで詳しく触れられておりますが、もちろん、台湾、朝鮮など、戦前期に植民地となったり、併合されたりした地域や国々の人々は、日本人と呼ばれていたわけです。

　そのことを考えれば、展示資料の目録を見ますと、いわゆる内地人だけでなく、すべての日本人に対して目配りがなされた展示がなされていることがわかり、このような点で、当時の空間、人の移動に関して、国家が税金を投入して行なう、国の展示施設として非常に適切な配慮がなされているといえるでしょう。また、日本から海外へわたった日本人、さらに、日本の傀儡《かいらい》国家とされた国々や地域に住んでいた人々も含めて、展示の全体像になっているということです。

③地方自治体を設置者とする諸資料館との差異

　次に地域性、千葉県佐倉ということを除外して、地方自治体を設置者とする諸資料館との違いを考えてみましょう。県のレベルで生活に密着した問題を考えていきます

（7）大沼保昭『東京裁判から戦後責任の思想へ』（東信堂、一九九七年）、大沼・徐龍達『在日韓国・朝鮮人と人権』（有斐閣、一九八六年）など。

と、逆に国の重さを私たちは忘れてしまうわけです。自治体が設置者になっている資料館と比べますと、やはりここは、国や国家という問題について、正確に正面から捉える視角が生かされていると思いました。

④日本側の主観的見方を相対化する視角・視点

私たちの外部委員の手許には、詳細な展示候補資料の目録が送られて来ます。それを眺めてみますと、たとえば、全国の歩兵連隊の配置図ですとか、一八七〇年代から一九二〇年代まで第一師管区と連隊の徴兵管轄区域の変遷といったものがパネルで示されており、全体的な把握に役立つことと思います。

連隊がある佐倉まで、父や兄や弟の入営を見送りに行った人々は、いったいどのくらいの範囲から佐倉までやってくるのか。朝、東京を出て、昼前には佐倉に到着したのだろうか、前の日に泊まらなければいけないのか。佐倉の町ではいろいろと見送り者をあてにした、言葉は悪いですが、ぼったくり商売などがなされていたのではないか、などなど。兵隊の家族などが、割の合わない買い物をさせられる、などといった話は、連隊なり師団がある町、当時はこれらの町を軍都などと呼んでいましたが、いい意味でも悪い意味でもあったようですね。このような地域的、空間的な配置がわかるということは、とても大事なことだと思います。

さて、次に論じたいことは、台湾や朝鮮、あるいは傀儡《かいらい》国家の人々という以外の、

狭義の意味での「日本人」のなかにおいて、戦前期の社会では、国家に対する姿勢、あるいは社会思想という点で、さまざまな温度差のあったことが、よく示されている展示がなさてれているると思いました。

今回の展示候補のリストを眺めてみますと、兵士の誕生、軍隊の日課という展示コーナーでは、日本共産党が兵営内に極秘に持ち込んで配ったチラシ「親愛なる兵卒諸君！」などが展示される予定になっています。いかにもソ連といいますか、コミンテルンの翻訳口調が偲《しの》ばれるビラですね。そういった極秘の非合法ビラのほかに、「従軍兵士ノ心得」というようなものも展示される予定です。これは、いまだ実物を拝見していないので詳しくはわからないのでありますが、日中戦争初期、一九三七年八月中旬から一二月にかけてなされた上海戦・南京戦における軍紀・風紀の紊乱《びんらん》が問題にされたのだと思います。

当時、陸軍省の軍務局軍事課という、予算を扱う部署にいた軍人・田中新一の記録などを見ますと、戦争初期の軍紀の乱れがすさまじかった様子がわかります。三七年一〇月一八日の記事で田中は「軍紀頽廃の根源は召集兵に在る。高年次召集者にある。召集の憲兵下士官などに唾棄《だき》すべき智能犯的軍紀破壊行為がある。現地依存の給養上の措置が誤って軍紀破壊の第一歩ともなる」と書かれています。平たくいえば、通常の市民生活を長く送った人間が急に憲兵として召集された場合などに悪事を働くし、また食糧の現地調達主義などがたたって、結局は現地住民に対する略奪行為などが起きているということでしょう。

当時の陸軍はソ連を第一の仮想敵国としていますので、ソ連に対しては現役兵率の高い良質な軍隊を温存しておく。それに対して中国戦線に対しては、予備後備などの中年の兵士たちを送った。彼らにしてみれば、戦争目的も明確ではない戦争ですから、士気などはないも同然でした。なぜ日中戦争初期の戦いで日本軍の士気が上がらなかったのか、この点につきましては、私自身、書きました論文がありますので、ご参照ください(8)。

それから「私的制裁根絶ニ対スル研究」という冊子も展示物に含まれております。これは教育総監部という官衙《かんが》が作成した資料でして、関係者に配った内部資料だと思います。教育総監部というのは、陸軍の三官衙の一つで、陸軍省、参謀本部とならんで置かれたものです。教育について司る機関でしたが、現役を除隊した元兵士や召集された帰還兵などがそれぞれ故郷などへ戻り、軍隊の戦場以外での生活、これを内務《ないむ》班《はん》といいましたが、そこでのいじめ、リンチなどについて、詳しく物語る。

先に挙げました大西巨人などの小説には、この内務班でのいじめが詳細に書かれています。さすがに、太平洋戦争も末期になりまして徴兵検査での甲種合格率が七割以上になってゆく時代に、内務班でのいじめが公然と語られるのはまずいということで、多少の改善がみられました。その改善に向けた試みの一つが、本「研究」と位置づけられるでしょう。

(8) 加藤陽子「興亜院設置問題の再検討」、服部龍二ほか編『戦間期の東アジア国際政治』(中央大学出版部、二〇〇七年)。

⑤戦場を知る世代の「消滅」

歴博展示の現代的意義という点で、5点目にあげたいのは、戦場を知る人々の世代的消滅ということです。お元気に会場においでになられている方々には失礼な言いぐさで申し訳ないのですが、やはり戦後六四年たちますと、たとえば最も若い年齢で戦場に向かった人々、たとえば、一六歳の少年飛行兵であった方々でも、すでに八〇歳を迎えられていることになります。小国民と呼ばれた国民学校の生徒さんではなく、戦場を知っている層を問題としています。日本の男性の平均寿命は七九・二九歳ですから、戦場を知っている世代が、世代としてごそっと「消滅」してしまう事態が進行しているのだと思います。

二〇〇五年一〇月二八日付で読売新聞が行った調査は、なかなか含蓄のある調査でした。一九四一年に開始されたアメリカと日本の戦争を侵略戦争だったとする人は三四・二%しかいません。しかし、一九三七年七月からの中国との戦争については、日本の侵略だったとする人が、そう思う、ややそう思うという人を合わせますと六八・一%になります。三七年以降の日中戦争を、侵略戦争ではなかったとする、積極的な否定論は一割程度しかいないということになります。これらの、比較的穏健な反応というのは、やはり、戦場を知る世代がこれまで多く日本にはいらした、そうした結果だと思うのです。戦場を知る世代がごそっといなくなってしまわれた時に、これまでの一割という数値がどう動くかが、今後の私たち、歴史家なり、博物館で展示に関わる方々の力量にかかってくると思うのです。

⑥研究蓄積の成果としての展示

歴博の強みは、展示を行なうにあたって、分厚い研究史の蓄積がまずはあるということです。ここには持って参りませんでしたが、鈍器になりそうな、一〇キロはあるぞ、というような分厚い冊子の研究がございます。『国立歴史民俗博物館研究報告』というシリーズです。一〇一号などは、ⅠとⅡがありまして、本日の司会でご登場なさいました樋口雄彦先生や、今日お見えの一ノ瀬俊也先生、あるいは岩波新書の名著『国防婦人会』の作者・藤井忠俊先生といった方々の共同研究の成果がございまして「近現代の兵士の実像」というものです。これはⅠが「村と戦場」、Ⅱが「慰霊と墓」というもので、本日のコメンテーターでいらっしゃる原田敬一先生などもⅡ巻にかかわっていらっしゃいます。大阪市の旧真田山陸軍墓地などの研究ですね。これが二〇〇三年の研究蓄積です。このような研究の成果が、来年三月に開室される第6室展示に生きてくるわけです。

先ほどの一〇一巻で私が大変興味をひかれた論考は、民俗学で著名な新谷尚紀先生が書かれました、病院船に乗っていらっしゃった日赤看護婦の藤垣京子さんの日記やインタビューで構成された論考でした。日中戦争初期の上海作戦などには、佐倉に関係します第一〇一師団のうち、第一五七連隊も参加しますが、これは非常に激しい戦闘をともないました。兵士たちは戦傷を受けただけではなく、余りの激しい戦闘のショックで精神を病んだりしまして、病院船で帰還中に、突然海に飛び込もうとする人、伝染病で立てない状態になりながらも、こんなことではお国に帰れないと海に身を投げようとする兵士の話などが、この、藤垣さんの記録には詳細に書かれていて、やはりこれは、民俗学をやってきた新谷先生の真骨頂であるなと思ったほどです。岩波新書の日本近現代史シリーズの第⑤巻として私は『満州事変から日中戦争へ』を書きましたが、その際、この藤垣さんの手記から引用させていただきました。

二〇〇六年の一二六号には、一ノ瀬俊也さんなどが中心となって『近代日本の兵士に関する諸問題の研究』が編纂されています。また同じく二〇〇六年に出た第一三一号としては樋口雄彦さんの編集で、『佐倉連隊と地域民衆』が出されました。ここにご紹介しました『国立歴史民俗博物館研究報告』シリーズは、大学関係者などでなければ、なかなか手に取る機会はないかもしれませんが、ぜひ地域の図書館なりで取り寄せるなりして、ご覧になっていただきたいと思います。このような真面目な研究が着々と出されているのだということを知っていただきたいと思います。

⑦参考にすべき、民間、海外の取り組みなど

ＮＨＫが兵士の証言についてアーカイブ化を図っていることにつきましては、先にご紹介しました。それ以外に、市民団体の方々がなさっていることですが、さまざま

なテレビ、民放も含めて兵士たちが体験を語っているものを丹念に集め、独自にビデオに撮っているところがあります。これは「戦場体験放映保存の会」でありまして、現在、二二〇〇人分の証言が集まっているといいます。これは、なかなか意義深い取り組みですね。

日本以外でも貴重な取り組みが台湾でなされています。台湾には、中央研究院という、ノーベル物理学賞や化学賞などの学者を理系で出すような国家の中心的なシンクタンクがあります。そこに今「台湾史研究所」が準備されつつあります。その研究所に所属されており、今は台湾大学歴史学部教授でおいでの周婉窈《しゅうえんよう》先生がなさっているプロジェクトがあります。それは、台湾人の元日本兵、台籍日本兵たちのインタビューです。台湾においては、彼らのことを「日軍台籍官兵」というのですが、この元兵士たちの座談会があったのですね。

しかし、この座談会には欠席した人がいた。その人が周先生に宛てて書いた手紙が、周先生の本[9]に引用されています。この兵士は、大変立派な日本文を綴るのです。周先生は戦後生まれで、イエール大学で博士号をとった大変な才媛ですが、その方に日本語での手紙を書いてきています。ここでご紹介しておきたいと思います。この方は陳政夫さんという方です。なぜ彼らは日本語の文章で手紙を書くのでしょうか。

「私達は日本語の教育を先に受け、光復後、初めて中国語文に接し、見よう見ま

(9) 周婉窈編『台籍日本兵座談会記録竝相関資料』(中央研究院台湾史研究所籌備処、一九九七年)

ねで自習、数十年かかっても、やっと通じる程度しかマスターできません。終戦前とその後から今に至るまで、閩南《びんなん》母語は日常会話で、しかも限られた場所で、限られた人が使うだけで、五十年この方、三種の言語と二つの文章をチャンポンにして使わなければ、完全に意思表示、意思疎通が出来ない惨めな捨て子です。大勢居られる方、見方をどう話されるのか、それを纏めて記録し、資料とする方々も御苦労なことと思います[10]」

これを聞いてどう思われましたか。台湾人は韓国人と違って親日的だという考え方について、より深い見方をしなければならないと感じられるのではないですか。成長ざかりの人が終戦の時、高い教育を受けて日本の植民地社会に順応しようとした時、まさにその時に終戦となり、中国大陸から中華民国の官民が台湾にやってくるわけです。台湾で日本の教育を受けた人々にとって、同じ民族こそが、自分たちの弾圧者や競争者に転化する構造がうかがえると思います。

私たちは近隣諸国における歴史認識といいますと、非常にナイーブな見方をしてしまうのですが、内実は、かくも複雑なものなのです。今後、大陸の方の中国で外交史料など大量の文書が公開されるはずです。韓国においてもそうでしょう。そうした中で台湾という、非常に発達した資本主義国で、かつ教育水準が世界で最も高い国がある。ＯＥＣＤ（経済協力開発機構）加盟国を中心にＰＩＳＡ調査という、一五歳の中

(10) 檜山幸夫「日本における台湾史研究の現状と課題」、台湾史研究部会編『台湾の近代と日本』（中京大学社会科学研究所、二〇〇三年）三一頁から再引用。

学校生徒の基礎力を問う調査（国際学習到達度調査）で台湾は、数学力や理科力などで、一、二位をとるような国です。そのような国で、このようなきっちりとした兵士の証言なりを、学術ベースできちんと遺そうとしていることは、日本にとってとても重要なことですね。

台湾は、日本にとって日清戦争後に初めて植民地になった国だとか、非常に親日的だという、これまで日本側に広く了解されてきた平板な歴史像ではなく、それ以上の歴史認識が日本と台湾の間で構築されている必要がある。今後、東アジア史が各国の史料をベースに書かれていく時、台湾と日本の関係が良好であることは非常に重要です。台湾の国史館という、国立公文書館では、大変な勢いで、戦前期の史料公開をしています。

二、記憶の問題

（一）変化は教育の現場から

二〇〇九年春に高等学校社会科の学習指導要領が新しくなりました。たとえば、日本史Bの最初の「目標」の部分を開ければ、次のように書かれています。「我が国の歴史の展開を諸資料に基づき、地理的条件や世界の歴史と関連付けて総合的に考察させ、我が国の伝統と文化の特色についての認識を深めさせることによって、歴史的思考力を培い、国際社会に主体的に生きる日本国民としての自覚と資質を養う」と。日本史Bを学ぶ目標には、このような高邁な文言が書かれていたのか、と皆さんもまずは驚くでしょう。高等学校の日本史Bで近現代史までをきちんと教わらなかった私もまた、深く頭をたれるわけです。我々の時代は、だいたい江戸時代くらいまで教えてくれればよいほうでした。まあ、実際に読んでみますと、別段、学習指導要領が悪かったわけではない、学習指導要領に罪はないのだとわかります。

さて、上記の学習指導要領の文章で注目したいのは、「地理的条件」、「世界の歴史」との関連、「歴史的思考力」の三点でしょうか。学習指導要領の解説書という便利なものがありまして、そこには詳しく改正の意図と趣旨が述べられているのですが、今回の改定では、「歴史と資料」というような導入にあたる部分を学年の最初の時間に取り組むようにしてあるようです。これは、たとえば新聞の記事や身近な人々の日記などを資料として用いて歴史と向き合ってみるということでしょうね。この段階では、とにかく資料があって初めて歴史が成立するということがわかればよい。

「歴史と資料」という導入段階を学年最初の時間で終えた後、たとえば中世までの時代の学習を終えた頃に、「歴史と解釈」という段階に進む。これは、いくつかの歴史の資料を活字で読んでみて、その資料が何を語っているのか、資料に即して生徒自身が文章にまとめてみるといった段階が入るようです。

さらに、中世についての学習が終わって近世まで進んだあたりで、今度は「歴史の証明」ということで、立場を異にする人々によって書かれたいくつかの資料や、異なった事実を述べているような記録類を複数読んでみて、これらの資料の中から何が最も確からしいといえるのか、何が確実に起こったことだといえるのか、これを考えてみようという段階に進みます。高校三年生ともなればほぼ半数の生徒には大学受験が待っていますので、前倒しで教えられることになると思いますが、近現代史が終わった時点で、最終的に「歴史の論述」という段階が学習の過程の最後の段階として想定されています。

「歴史と資料」から「歴史と解釈」へ、そしてさらに「歴史の証明」、「歴史の論述」へと進むわけです。このように順次段階をふませながら、歴史は学問としてふむべき手続きがあるということ、資料を総合的に判断しつつ解釈を導くということ、これらを最終的には論述というかたちで進める。我々は、歴史観や歴史叙述というものは、解釈する人の数だけあってよいはずだという、ある意味で歴史相対主義に傾いた見方をしがちです。なぜそのような考え方が日本で根強いかといえば、戦前と戦後に見られた、ある意味偏った歴史教育に懲りたからだと思います。戦前の歴史教育は、国家主義的な方向、すなわち右に傾いていました。いっぽう、戦後の歴史教育は、マルクス主義的な唯物史観ですべてを語ろうとする傾向が強まったこともありました。これらの経験に懲りて、歴史教科書は、とにかく事典・辞書のようなものであればよいとの考え方、そして試験は暗記している事項の確認でよいとの考え方が根強いのでしょう。

しかし考えてみれば、このような後ろ向きの教育姿勢では、若い人々のなかに歴史学的なものの見方が育つことは期待できません。実際、文科省や日本社会が衝撃を受けたのは、先にもふれましたOECD加盟国を中心にしたPISA調査で、日本の生徒の順位が、がたがたと落ちていっているという事実でした。初回の二〇〇〇年の調査では日本は、数学で一位、科学で二位の位置につけていました。それが二〇〇六年の結果では、数学で一〇位、科学で五位に落ちてしまった。国語や社会が関係してくる科目としては、「読解力」がありまして、二〇〇六年の調査でいえば、この「読解力」の日本の順位が悪いのです。五六か国中一五位で、数学や理科よりもいっそう悪い結果がでました。

このような現状を危機と認識し、歴史を学問的に論述することは可能であるし、また歴史の能力は論述という形式で測るべきである、との踏み込んだ考え方が、教育の現場、あるいは政府のなかに生まれてきたのだと思います。私自身、歴史については、歴史的なものの見方や考え方というものは、論述形式で書かせてみて初めて育つのだと考えています。

いずれにしろ、このような観点で書かれた新学習指導要領のもとに、論述が教育現場で求められてくるようになりました。そうなりますと、親御さんなどの心配は、次のような点に絞られてくるのではないでしょうか。つまり、生徒を教える高校の先生の思想やイデオロギーに採点が左右されることはないのだろか、といった危惧です。論述という試験の形式は、公正な評価を可能としないのではないか、そういった懸念です。これは当然出てくる懸念だと思います。そこで、私は、今後、歴史学の分野で大切になってくるのは、書かれた論述に対して、いかなる評価を下すか、論述の中身の幅と評価の幅について、学問的に予め考察を深めておく訓練ではないかと思うのです。いろいろな「問い」に対して、いかなる資料を用い、いかなる観点から論述を進めるか、その導かれた論理の説得性を評価するための軸、それについて真面目に考察を深めておかなければならないと思います。

一つの問いを出された時に、さまざまな観点を組み合わせて、その問いに答える、そのアプローチの仕方を何通りか考えておく訓練が必要ですね。そこで本日は、非常によく問われることの多い問いを設定して、その問いに迫る方法と解答を四通りに分けた上で、説明してみます。

(二) ドイツと日本、戦争責任の取り方をめぐり何故これほど差があるのか

アジアの国々でなされる教育の現場では、このような「問い」は多くなされているのではないでしょうか。のみならず、このような「問い」は、新聞や雑誌などの紙面でも何度も取り上げられている「問い」ですね。日本とドイツは戦前に軍事同盟を結

んだ国であり、共に連合国に無条件降伏を強いられた国であったにもかかわらず、戦争責任をめぐる戦後の歩みに何故これほどの差が生じたのだろうか、と。

このような疑問に対して答えるのは簡単なことではありません。私の『戦争の日本近現代史』[11]という本の「あとがき」に私自身、丸谷才一の『雁のたより』[12]からの言葉を借りて、戦争責任について容易に論ずれば、「誠実を装った感傷主義か、鈍感な愚しさか、それとも威張りちらした居直りか」になってしまうことへの自戒を述べておきました。感傷でも居直りでもなく戦争責任を考えるにはどうしたらよいのか。

歴史研究者として、その一つの解答の筋道を示したものが、先ほどから名前を挙げております拙著でございまして、明治初年から太平洋戦争期までを通して、為政者や国民が世界情勢と日本の関係をどのようにとらえ、どのような筋道で戦争を受けとめていったのか、その論理の変遷を追ってみたものです。日本の近現代史をながめてみただけでも、新しく起される戦争というのは、以前の戦争の地点からは、まったく予想もつかない論法で正当化され、合理化されてきたことがわかります。そして、個々の戦争を検討してみますと、人々の認識ががらりと変わる瞬間がたしかにあり、また、その深いところでの変化が、現在からすればいかに荒唐無稽にみえようとも、やはりそれは一種の論理や観念を媒介としてなされたことは争えないと気づきました。つまるところ私がやったことは、個々の戦争にいたる当時の国民意識の変遷を、戦争を説得し正当化する論理の変遷と捉え返すことで、実証的に把握したということで

(11) 加藤陽子『戦争の日本近現代史』(講談社現代新書、二〇〇二年)。
(12) 朝日文庫、一九八六年。

しょう。

とすれば、日本とドイツ本の戦後の歩みの差異につきましても、日本国民が戦争責任に対し、ドイツとは異なった意識を持つのは何故なのか、そのような日本国民の意識は何故生まれたのかについて、国民意識を生み出した太平洋戦争最末期の構造から実証的に考えてみることにも意味がありそうです。日本とドイツの戦後の歩み、戦争責任に対する両国のスタンスの違いについての説明の仕方について、四つに分けて考えていきましょう。

①日本もドイツのように戦争責任をとるべきだとの立場

一つめは、「日本とドイツに違いがあるのはおかしいはずで、日本もドイツのように、積極的に戦争責任を認め、植民地支配責任、戦後補償などをめぐる責任をとるべきだ」との立場です。ドイツを「鑑」として遅れた日本の国家としての取り組みを叱《しっ》咤《た》する論調は、進歩的な新聞紙の社説などでよく見られる論調です。日本が今後とるべき方策を示唆する立場といえるでしょう。

②日本とドイツが戦前期にとっていた政策が違うのだから、戦後責任の取り方も違って当然であるとの立場

二つめは、「日本とドイツに違いがあるのは当然である。何故なら、戦時において

日本とドイツが行なった政策などには違いがあるからである」とする立場です。日本にはドイツのユダヤ人絶滅政策などに比すべき政策はなかったのであり、日本とドイツの国策決定過程などは異なっていた、よって戦後の戦争責任の認識において差異があるのは怪しむに足りない、との論調で、どちらかといえば保守的な新聞紙の投稿欄などに見られるものです。

③日本とドイツの戦後に何故これほどの違いが生じたのかを、戦争体験から考えようとする立場

三つめは、「日本の対応が不十分なことはもちろんである、しかし、日本とドイツの戦後に何故これほどの違いが生じたのかを考えるべきだ」との立場です。本日の報告は、この三つめの立場に立ってのものとなります。その際、小熊英二氏が、鶴見俊輔・上野千鶴子両氏との鼎談《ていだん》で述べていた言葉だと記憶していますが、「戦後思想は戦争体験の正確な反映(13)」にほかならないという一句は、味わうべき言葉だと思います。戦後に生じた差異を、国民の銃後の戦争体験から語る、という視角です。

④日本とドイツの戦後に何故これほどの違いが生じたのかを、戦後思想から考えようとする立場

四つめは、「日本の対応が不十分なことはもちろんである、しかし、日本とドイツの

(13)『戦争が遺したもの』(新曜社、二〇〇四年)。

戦後に何故これほどの違いが生じたのかを考えるべきだ」とするところまでは、三つめの立場と同じです。ただ、三つめの立場と異なる点は、戦争の結果生じた、戦後思想の違いに注目する、というところです。この点については、高橋哲哉、平野健一郎、藤原帰一の三氏による鼎談「座談会　歴史と記憶」(14)が深い議論を行なっています。

この座談会において藤原氏は、ドイツにおける戦後思想を、おおよそ次のようにまとめています。——戦争がドイツ国民にもたらした教訓とは、もっと早期にナチスの台頭を力で防禦《ぼうぎょ》していればあのような悲惨な戦争は起されなかったはずだ。よって、暴政を行なう者に対しては、武力によってもそれを倒さなければならない——。このような厳しい戦後思想によって、ドイツはNATOの軍備の一翼を担うことで戦後世界への復帰を認められていったとの見方です。それに対して、日本の戦後思想は、いかなる発達を遂げたでしょうか。日本においては、広島・長崎への原爆投下を絶対的な例として、戦争を二度と繰り返さないという絶対平和主義を世界に先駆けてとったとの自覚が生じました。日本が先駆けて非核を世界の国々に呼びかけているとの高揚した意識は、アジア諸国からの賠償請求や謝罪請求に対して真摯に対処する道につながらなかったのでないでしょうか。

もう少し簡単に説明しますと、私たちは沖縄の「平和の礎」などに「戦争は二度と繰り返しませんから」と書かれているのを知ってます。その「から」という言葉の含意については、かなりの議論がなされてきたようです。誰に向かって、誰が「二度と

(14)『中京大学評論誌八事』所収(二五号、二〇〇九年)。

繰り返しませんから」と誓っているのか。「戦争は二度と繰り返しませんから」というのは、戦死者、原爆で亡くなった被害者を慰めている言い方ですね。慰め方のスタンスは、絶対平和で、武器を廃絶する、核兵器廃絶を各国にもこれから日本が絶対的な犠牲者という立場で、どんどん非核という動きを広めていきますからという、非核の実現に努力しますので、どうぞ魂を鎮めてください、と霊魂に向かってお願いしている立場です。このような日本の絶対平和論は、自らが率先して非核を実現しました、他国にもそれを及ぼしていくのです、という、ある種の布教的な思想です。絶対平和をあまねく地球全体へと拡げる、非核の理念を及ぼしてゆく、というものです。

それに対してドイツは、ちょっと違います。ドイツの場合、ナチスの台頭に対して、一九三三年時点で、ナチスが力を持つ以前の段階でナチスの息の根を止めておくべきであった、武力によってでも内乱となってでも止めておくべきであった、と考える。これはある種正しくない団体や党が生まれたら、武力を持ってしても根絶すべきであったとする発想です。ですからアフガニスタンなどのタリバンに対して、最も戦闘的に戦っている国の一つがドイツであることはよく理解できるのではないでしょうか。ドイツと日本の戦後責任の取り方の違いは、それぞれの抱く戦後思想の違いによって説明しうるのではなかか。このようなことが、先の鼎談からは見えてくるのです。これが四番目の立場です。

(三) 日本人の戦争体験

それでは、三つめの立場をより詳細に、国民が銃後で味わった戦争体験、殊に太平洋戦争の最終盤にいたる時期の戦争体験の実態についてお話しましょう。

①戦死者の数

高校生などに太平洋戦争の話をしますと、少し近代史に心得のある高校生は、必ずこう聞いてきます。太平洋戦争期、世帯の半数が契約していたとされるラジオで報じられる大本営発表や、新聞報道などにより、戦果が捏造《ねつぞう》されたり水増しされたり隠蔽《いんぺい》されたりしたことは、一九四二年(昭和一七)六月のミッドウェー海戦の例、あるいは一九四四年一〇月の台湾沖航空戦なりの例で知っている。国民が直接見ることもできない遠い戦場で戦われた戦果が隠蔽されるのはわかるし、隠蔽可能だろう。しかし、戦争は兵士の死を伴う。これまで戦地にいる父や夫から手紙が来ていたのに手紙がぱったりと来なくなる、あるいは村々に戦死の知らせが届く家が続出しているのを目にすれば、日本の戦況が非常に悪いことは普通の人々にもわかったのではないか。

なぜ国民は大本営発表などを信じていたのだろうか。普通の人々は戦争に勝てると本当に思っていたのだろうか。そのあたりがわからない——。こう質問してくるわけです。これは中々鋭い質問でありまして、いかなる国家とて、兵士あるいは軍属として死んだ父や夫を生きていると瞞着し続けることはできないわけで、戦死者の数を積算できれば、だいたい日本がどの程度負けているかわかるはずです。

②陸海軍による「新聞掲載事項許否判定要領」の影響

しかし、当時の新聞検閲の詳細を知れば、それこそ、鉄道や自動車で全国を廻り、各地の新聞に掲載された、局限された地域ごとの戦死者の数を足して、日本全国の戦死者数の合計を出しうる人間でなければ、全体の趨勢が絶対に国民にはわからないようになっていた、ということがわかります。もちろん、全国を廻って戦死者数を積算しようとするような人間は、日中戦争の始まった年の一九三七年（昭和一二）八月に全面改正されて罰則が強化された当時であれば、軍機保護法で捕まってしまうわけですが。軍機保護法が対象としていた軍事上の秘密とは、作戦、用兵、動員、出師など軍事上機密を要する事項ということになっていました。

さて、当時、新聞報道を規制していたものとして、陸軍省令と海軍省令に基づく「新聞掲載事項許否判定要領」がありました。これから申し上げる話は、中園裕氏がその労作『新聞検閲制度運用論』[15]で明らかにしたことであります。この陸海軍の判定要領は、一九三七年七月三一日に実施されて以降、この時は例えば戦死傷者を名簿式に羅列することを禁じたりする規則がすでにありましたが、一九四四年（昭和一九）

(15)清文堂、二〇〇六年。

九月二二日の改訂で、より隠蔽の度合いが高まりました。もちろんこれは、一九四四年六月のマリアナ沖海戦で、日本が海軍航空機と空母の大半を失った敗戦を受けての措置で、東条内閣が一九四三年（昭和一八）九月に掲げた絶対国防圏の維持が絶望的になった時期でした。

一九四四年九月の改訂によって、戦死傷者に関しては陸軍からは「当該新聞の直接関係ある地方の者のみに止むること」、「特派員等の通信を取扱はざること」と規制され、海軍からは「戦死者名の新聞紙掲載に際しては、戦死の場所、期日及び大東亜開戦以降の略歴掲載を禁止す」との規制が更に加わりました。その結果、例えば、南方に向けて出征途中のある船舶が、鹿児島県沖でアメリカ軍の潜水艦に魚雷攻撃を受けて沈没した際の戦死者約四〇〇名の例では、まずは戦死者を出身県別に分け、当時はほとんど一県一紙に統制されていた県ごとの新聞に、県出身者の戦死者数のみを掲載することとし、戦死の月日は記さず、戦死の場所も南方洋上とし、敵潜水艦による沈没による死であることも隠されることになりました。軍は国民に敗戦意識を持たせないように必死だったわけです。本当は日本近海での海没死が戦死の真相だったにもかかわらず、遺族は南方洋上の作戦中に戦死したかのように信じこまされることになりました。

③戦死者の急増期

吉田裕氏が『アジア・太平洋戦争』[16]その他で的確に述べられているように、太平洋戦争の戦死者の大部分が、まさにこの「新聞掲載事項許否判定要領」の改訂以降の時期、マリアナ陥落後の時期、一九四四年（昭和一九）後半に発生していることの意味は大きいものとなります。吉田教授は岩手県の例をとって戦死者の数を時期別に算定していますが、一九四四年一月一日以降の戦死者が全体の八七・六％に達していることがわかります。実数でいいますと、四一年一二月八日からの戦死者は岩手県では三万七二四人いた。そのうち、四四年以降の死者は二万六九二〇人に達しました。以上のことから何がわかるかといえば、太平洋戦争終盤、最後の一年半の時期は、日本人にとって、父や夫や兄や弟が最も多く死んでいった時にあたるわけですが、その時期はまさに、戦死の状況が国家によって隠蔽される度合いが最も高まったということです。

「戦後思想とは、戦争体験の思想化であった」とするならば、日本人の歴史認識を考える際には、戦時にあって普通の日本人が何を知らされ、何を知らされなかったのかという腑分けを、一つ一つ行なってゆく作業こそが、大切だと思うのです。

④遺族の悲嘆

つまり、ここまでの話でお伝えしたかったことは、太平洋戦争期において、日本という国は、自国の「兵士がいつどこで死んだのかさえ遺族に教えられなかった」国だ

(16) 岩波新書、二〇〇七年。

ということです。それでは、太平洋戦争以前の戦争において、たとえば、日清、日露戦争などにおいては、遺族は、いつ、どこで、どのように戦死者が亡くなったのか、そうした情報を詳しく得ていたといえるのでしょうか。この点について歴史的に振り返ってみたいと思います。

日清戦争については、大谷正氏の『兵士と軍夫の日清戦争(17)』が貴重な事例を提供してくれています。仙台で発行されていた『東北新聞』は、日清戦争の戦場となった中国東北部、すなわち満州や、講和条約締結後に侵攻した台湾へ出征した第二師団兵士たちの戦場からの手紙を多数載せていました。当時も検閲はありましたが、地方新聞まで手が回らなかったものとみえ、驚くほど具体的な戦闘状況を記した戦地からの手紙が掲載されました。『東北新聞』に載った兵士たちの手紙は故郷の人々の間で廻し読みされ、故郷からの手紙はといえば、新聞社がとりまとめて戦地に送ったり、あるいは新聞社の特派員たちによって戦場に届けられたりしていました。

つまり『東北新聞』は、第二師団の兵士やその家族にとって、地域と戦場を結ぶ掲示板の役割を果たしていたといえます。戦死は戦死の詳しい状況を知らせる同郷の兵士の手紙のかたちをとって、新聞紙上に掲載されることで地域全員の共通認識となり、戦死者の遺族たちは、同郷の人々のこうした共通認識の中で生活することができました。遺族が戦死の衝撃を人々と分け合う回路が新聞という公器によって地域に形成されていたのです。

(17)有志舎、二〇〇六年。

満州事変期についてはどうであったでしょうか。これについては、矢野敬一氏の『慰霊・追悼・顕彰の近代』(18)が『新潟新聞』の事例を用いて明らかにしています。地域密着型の新聞は、戦死にいたるまでの兵士の状況や、戦死者の顔写真入り経歴、遺族の声、公葬の様子を実況中継さながらに報道していました。こうした時間の過程を経て、遺族は肉親の死を受容し、地域の人々はその死を共に悼むことが可能となっていたのです。

以上、考えてきますと、こうした地域の回路こそが、戦死者の追悼・慰霊の場面において、ある意味では国家による顕彰よりも、遺族に対して強い影響力をもちえたことが想像できます。この国の人々は、日清戦争時には郷土部隊の戦う戦場の状況を正確に把握し、満州事変時には戦死者の個別具体的な戦死の状況や地域での追悼のさまを逐一掴んできていました。このような歴史を振り返りますと、太平洋戦争末期の戦死者遺族の感じた当惑がいかに大きなものであったのかが見えてくるのではないでしょうか。なぜ自分たちだけが国家や地域から粗略に扱われなければならなかったのか。太平洋戦争期の遺族たちは、戦場と戦死者を結ぶ地域新聞の精緻な回路の恩恵に浴することがありませんでした。国民に敗戦意識を抱かせてはならないとの国家の新聞検閲方針ゆえに、地域と戦場を結びつけてきた日本独特の「文化」が破壊され、それは、戦後につながる日本人の戦争観を強く縛ることになったのだといえると思います。

(18) 吉川弘文館、二〇〇六年。

⑤引揚げ、抑留体験

さらに、決定的であったのは、敗戦時の混乱に際しての引揚げでしょう。満州には敗戦時一五〇万人の民間人と五〇万人の関東軍兵士がおりましたので、合わせて二〇〇万の日本人が満州にいました。敗戦時の日本の人口から考えますと、人口の八・七％にあたる人が引揚げを体験したことになります。ソ連侵攻後に亡くなった人の概数は二四万を超えています。一割強の方が亡くなった。さらに、八月九日に参戦したソ連軍によりシベリアやモンゴルなどの地域に強制抑留されて労働に従事させられた日本人捕虜の数は約六三万人とされ、そのうち苛酷な労働環境によって死亡した人はこれも概数ですが六万人を超えている。二〇〇〇万の老若男女が体験したことは、国民的な記憶として残るはずですね。中国をはじめとするアジアの国々に強いた犠牲、このような犠牲の数を思う前に、まずは国民的な辛苦の記憶がアジアに与えた犠牲の記憶に上書きして残されることになったと思います。

三、日中戦争をどう捉えるか

（一）私の立場

先にも述べましたように、「二、記憶の問題」でいえば、私が今回詳しく説明いたしました立場は、三番目の立場からの説明でした。これまでのお話では、国民自身の「戦争体験」や「戦争被害」についての記憶・感情を実証的にあとづけてみました。ただ、研究の対象として私が日中戦争を考える際には、国民の記憶や感情を再確認するという方法ではなく、むしろ、国民の記憶から落とされてきた、日中戦争に対する、当時の人々の感覚・認識を史料から明らかにしたいのです。

(二) 何故、それが必要なのか

現在、中華人民共和国、台湾双方で、日中戦争期の研究が非常にさかんです。一時期に見られたイデオロギー色の強い研究は、政治の世界においてはともかく、大学等でなされる研究においては、一次史料に基づいた実証的な研究が進むようになりました。史料ということで最も話題となったのは、軍事的にも政治的にもトップとして中国国民政府を第二次世界大戦の戦勝国に導いた蔣介石の日記が、スタンフォード大学フーバー研究所において公開されたことでしょう。この日記は、来年度中に台湾で刊行される予定です。

さて、日本に留学してきた中国人研究者によっても優れた研究が多く生み出されるようになりました。一橋大学大学院で学んだ鹿錫俊氏などは日中戦争期の内政と外交についての研究史を牽引する研究者の一人でありましょう。その鹿氏の最新の論考

「世界化する中国の「国際的解決」戦略[19]」中には、以下のような文章があります。

結果として、〔日本は〕自らの政策における『支離滅裂と自己矛盾』をさらに拡大して、南進の決定から日独伊三国同盟を経て、国民政府が観察の指標とした全ての点で中国の思うつぼにはまっていったのであった。

鹿氏の論考は、蔣介石が事実上政権を握る一九三四年ぐらいからどんどん新しい時代へ研究を進め、最終的には一九四五年から四九年くらいまでの蔣介石の第二次世界大戦に臨む戦略を丹念に実証したものです。引用部分は、蔣介石がアメリカの駐米大使に任命した胡適という人物の戦略を述べた部分に相当します。胡適は北京大学の優れた学者でしたが、蔣介石に請われて外交官になる。ちょうど太平洋戦争が勃発した時の駐米中国大使でした。鹿氏の述べているのは、胡適や蔣介石が描いた対日戦略の図式に、日本がどんどんはまっていったという点であります。

鹿氏は、たしかに胡適や蔣介石の戦略を論ずることで、日本側があたかもその戦略の思うとおりに中国側の戦略に絡め取られた、との筋で論じています。これは中国側の史料を読めばそのように読めるということなのだと思いますが、そうしますと、中国国民政府が能動的に日本を戦争に引きずり込んでいったという解釈に結果的に近くなってしまう恐れがあるように思います。中国側の見通しの良さを論じたいのは理解

(19) 石田憲編『膨張する帝国　拡散する帝国』(東京大学出版会、二〇〇七年)所収。

(20)「近衛文麿文書」(防衛庁防衛研究所戦史部図書館所蔵、近衛史料一一／支那事変／一二分冊の三)。同じ史料が、『木戸幸一関係文書』(東京大学出版会、一九六六年)三二九～三三三頁にも所収されている。防衛庁防衛研究所戦史部図書館は、以下、防研と略す。

(21) 外相を広田弘毅から宇垣一成に、蔵相を賀屋興宣から池田成彬(池田は商相も併任)に、陸相を杉山元から

できますが、余りにそのような点を強調しますと、日本側の戦争に対する姿勢に対して、過小評価が生まれてしまうのではないでしょうか。

（三）日中戦争のかたち

巻き込まれたという表現は、歴史認識として適切ではないと思います。日中戦争期の首相・近衛文麿の元に残された文書の中に、「現下時局に於ける基本事実とその対策」（一九三八年六月七日）と題された史料[20]があります。そこには、「現在に於ける支那事変の本質」として「領土侵略、政治、経済的権益を目標とするものに非ず、日支国交恢復を阻害しつつある残存勢力の排除を目的とする討匪戦なり」との分析が見えます。本史料の作成された六月というのは、対外的には徐州作戦が終了し、国内的には五月二六日の近衛内閣改造[21]を見た後の時期にあたりますので、この史料の作成者は、風見章・書記官長はじめ、近衛のブレインであった昭和研究会あるいはその周辺と推定できます。戦争中にあって、知識人たちは、戦争の性質を討匪戦と表現していたのです。

上記の史料は内閣の中核にあたる人々の認識でありましたが、軍はどうであったのでしょうか。一九三九年（昭和一四）一月二三日付の文書で、中支那派遣軍司令部が作成した史料「揚子江開放に関する意見[22]」の中に見られる戦争観は、「今次事変は戦

板垣征四郎に（この人事のみ発令は六月三日）代えた内閣改造。興味深い点は、政治向きの改造にとどまらず、陸軍人事においても、陸軍省軍務局軍務課長が、柴山兼四郎から影佐禎昭（影佐は一九三七年八月から参謀本部支那課長、同年一一月参謀本部謀略課長）へ代えられた。

(22)「極秘　揚子江開放ニ関スル意見」、外務省記録『支那事変関係一件』第一九巻所収、本画像は、アジア歴史資料センターで閲覧可（レファレンスコード 02030557600）。

争に非ずして報償なり。報償の為の軍事行動は国際慣例の認むる所」との認識でありました。陸軍の現地軍は、日中戦争を、戦争ではなく、報償だと強弁していたのです。ならば、報償とはどのような意味を持っていたのでしょうか。報償とは法律用語でいう復仇の同義語でありまして、国際不法行為の中止や救正を求めるための強力行為と定義されます。しかし、これは、相手国が条約に違反する行為をなした場合などに、その行為を中止させるため、相手国の貨物・船舶の抑留、領土の一部占領など、あくまでも軽度の強力行為に訴えることをいいまして、その際、自らの実行した強力行為は法律上、違法とはされないことをいうのです。誰が見ても、上海、南京、徐州、武漢など、いくつもの大会戦を経た一九三九年一月の段階の日本軍の作戦行動が、報償・復仇の範疇に入りうるはずもありませんでした。

討匪戦や報償といった認識が日本側に生ずる構造的な要因としては、アメリカ中立法(23)の日中戦争への発動を怖れた日本側が、内閣のもとに、企画院、大蔵、外務、陸軍、海軍、商工など主要省庁の次官級を揃えた内閣第四委員会を組織し、中立法適用の得失を吟味した結果、宣戦布告を回避する決定(24)を、一九三七年（昭和一二）一一月の段階で下していた(25)ことが大きいです。アメリカからの戦略物資の輸入や金融上の取引が、アメリカが中立法を発動することによって制限されるのを、日本側は怖れていました。

ここで振り返ってまとめておきますが、日中戦争を、討匪戦やら報償やらと呼んで

---

(23)アメリカ中立法の主な内容は以下の三点。アメリカ大統領が戦争状態にあると認定した国に対しては、①兵器・弾薬・軍用機材の禁輸。②兵器・弾薬・軍用機材以外の物資・原材料の輸出制限。現金・自国船輸送方式＝Cash and Carryに限る。③金融上の取引の制限。交戦国の公債・有価証券・その他の債権・証券の売買・交換は禁止、交戦国に資金または信用を与えることは不法とされる。参照、加藤陽子「アメリカ中立法と日中戦争」、『模索する一九三〇年代』（山川出版社、

いた、当時の日本人の感覚は、我々のなかには、とうに失われています。歴史という学問は、人々の記憶から落された問題、失われた記憶を、史料によって呼び戻す学問といえそうです。日本側は、アメリカ中立法の発動を恐れて宣戦布告できなかったわけですが、宣戦布告ができなければ、戦時国際法で定められた、占領地に対する軍政の施行などができなくなります。その代わりに日本は、華北、華中などに傀儡政権を樹立して、中国人を表に立てて、実質的な占領地軍政の代りとするのです。一九三八年（昭和一三）一二月一六日、中国に対して、その経済的な権益を収奪するために、興亜院が樹立されます。興亜院を必要とした理由は、華北の経済開発にかかわる株式会社である、北支那開発株式会社、また、華中の経済開発にかかわる中支那振興株式会社、この二つの開発会社の資金を調達するための法律を帝国議会にかけなければならなかったわけで、興亜院はこの二つの株式会社を運営するために大急ぎでつくられる必要がありました。

一九三八年（昭和一三）三月から、北支那開発株式会社・中支那振興株式会社、二つの国策会社の設立準備にあたっていた内務官僚・武部六蔵の日記が非常に興味深いことを我々に教えてくれます。一九三七年一二月一一日の日記には、「北支に関しては中央の発言権、指導権を確保する、駐屯軍は政治に関与させない、関東軍の干渉が北支に延びぬようにする、満洲に於ける軍の干渉、統制経済の失敗を繰返さない、戦果を全国民一致の力で全収する等が骨子と想像される(26)」と、政府の対中方針をまとめ

一九九三年）第二章。

(24) 宣戦布告が回避された要因として、アメリカ中立法の適用を避けること以外に、治外法権・租界等、日本が条約上保有する権利の喪失を怖れたことがあげられる。

(25) 「極秘　対支宣戦布告の得失　昭和十二年十一月八日　外務省」ほか、『木戸幸一関係文書』所収。

(26) 田浦雅徳・古川隆久・武部健一編『武部六蔵日記』（芙蓉書房出版、一九九九年）二五二頁。

ていました。

満洲国成立当初、関東軍が行なった統制経済の二の舞を、華北や華中ではやってはならない、との認識があったことは確かです。その上で、ハッとさせられるのは、戦果を全国民で「全収する」との赤裸々な言葉が、軍人ではなく内務官僚から発せられているという点です。まさに日本が中国に対して行なった侵略の質を突いているのではないでしょうか。日本が中国に行なっていた軍事作戦は大規模なものでしたが、それも一九三八年一〇月までのことで、それ以降の戦争とは、中国の資源を日本が武力によって「全収」する過程だといえそうです。

戦争を経済的な要因から説明することは、これまでにもマルクス経済学、唯物史観によって、豊かな成果が蓄積されてきたのです。私が日中戦争に関して、従来にもまして経済的な要因を説明しなければならないと考えるのは、日本が一九三〇年代から四〇年代にかけて重化学工業化を達成できた背景を、日本の特殊事情で説明することに対する違和感があるからです。軍事に特化した軍需工業を基軸として重化学工業化が達成されたというよりは、戦争という武力の力によって、中国から資源を「全国民一致の力で全収する」ことに賭けた資本主義化だったのではないか。戦争を遂行することで軍需産業を盛んにし、その結果、重化学工業化が進んだのではなく、資源を中国から入れ、それを機関車などに加工して中国に向けて輸出する。このようなサイクルが確認されることは、京都大学経済学部の堀和生氏の本『東アジア資本主義史論Ⅱ』[27]などで詳しく説明されています。

資源をタダで収奪する。けれども、たとえば満州の鉄工業などで銑鉄の生産などを考えてみますと、一九四二年（昭和一七）でだいたい一二〇万トンを生産しえていたのです。一九四三年になりますと一七〇万トンぐらいまでこれが伸びます。日本国内に四割を持ってくるわけですが、それ以外は、満州国なり、中国なり、現地で消費する。完全に軍需産業と無縁だとはいえませんが、鉄道の線路や、蒸気機関車の車輌といったものを中国向けに輸出する。重化学工業製品を植民地や占領地向けに輸出・移出するような国家に日本はなっていたという点に注目したいのです。

マルクス経済学からする日本の軍需産業の分析は、ある意味、過大評価であったといえそうです。軍需産業が牽引したわけではない。長期統計でいえば、一九二〇年代から四〇年代の変化というのは、ものすごい変化といえます。イギリスというのは、一九二九年まで世界貿易を支配していたといってもよい。一億五〇〇〇万ポンドぐらいの対外貿易があった。その後、二九年の世界恐慌、三一年の金本位離脱で、イギリスの力はどっと落ちました。これに対してイギリスがとった対策は、自国の植民地や帝国圏をブロック経済下において、他国からの安価な貿易品を排除する途をとりました。そうまでしてもイギリスの低落傾向は止らないのです。一九四〇年、イギリスが世界貿易に占める額は一億ポンドとなりました。

そのような時に、日本はどうしていたのでしょうか。イギリスが一億五〇〇〇万ポ

(27) ミネルヴァ書房、二〇〇八年。

ンドを稼ぎ出していた時に日本は五〇〇〇万ポンドぐらいしか世界的なシェアを占めていませんでした。ところが、一九四〇年になりますと、日本は二億ポンドを稼ぎ出していたのです。イギリスの二倍になりました。日本の戦時経済については、粘土足の巨人という言葉があるように、軍需産業に特化した、非常にアンバランスな経済であるとの分析が長らくなされていたと思います。しかし、それは正しくない。世界中に植民地を持っていたイギリスは、ポンド高により、ブロック経済体制をとって排他的な経済圏を樹立しました。それでも、所期の目的を達することができない。基本的に高橋是清財政下の安価な日本製品が一九三〇年代、イギリスの植民地を多く含むアジアに向けて、洪水的に輸出される。

イギリスについていえば、自国の植民地を世界貿易という点で圏内に実効的に包摂するという点では、まだまだ「甘い」という気がします。それに対して、日本は、台湾、朝鮮、満州、汪兆銘政権を含めた中国、これらのすべての地域に対して、重化学工業製品を輸出するところまで行っていた。このような、日本の植民地支配の経済的な苛酷さ、これについて、もっともっと研究が進められる必要がありそうです。そうでなければ、いつまでたっても、日本が台湾、朝鮮、満州、中国を経済的に発展させてあげたのだ、という誤った記憶の語りが繰り返される背景をなすでしょう。

日本の帝国支配の特徴を経済的な観点から分析してゆく、それを国民の記憶にフィードバックさせられるかということが、非常に大切です。経済的な問題は、博物館の展示にはなかなかなじみにくいとは思います。けれども、この点は是非とも工夫をした上で、取り組んでいかなければならないのではないでしょうか。

コメント1

戦争展示のあり方についてのコメント

吉田　裕
一橋大学大学院社会学研究科

戦争の歴史に関する「公的な記憶」

お話ししたい一番のポイントは、公的な戦争展示はいかにあるべきかという問題です。そのことを考える場合に、まず第一に視野に入れる必要があるのは、戦争の歴史に関する「公的な記憶」の問題です。何らかのかたちでの公的な展示である以上、「公的な記憶」と全く離れたところで展示が成立するということはあり得ません。「公的な記憶」と接点を持たない展示はあり得ないということになります。

戦後の日本社会の場合、「公的な記憶」はどのような形で形成され、そこには、どのような特質が見出されるのでしょうか。一言で言えば、戦争や軍隊に対する強い忌《き》避《ひ》感です。もう二度と戦争や軍隊はこりごりだ、もうかかわりたくないという意識、これは非常に広汎に、ある意味では保革の枠を越えて形成されている。戦争の犠牲者、戦争の被害者としての自己認識、これを核にした平和意識ということになります。それは、全ての戦没者は、平和の礎であるという認識にもつながります。この点については、私の書いた『日本人の戦争観』（岩波現代文庫、二〇〇五年）を参照してください。戦争展示を考える場合、最低限こうしたかたちでの「公的な記憶」との接点を持たなければなりません。たとえば、靖国神社付属の戦争館である遊就《ゆうしゅうかん》館(1)の場合は、英雄的に戦って死んでいった人々の霊を慰め、彼らの偉業を称え顕彰する場という考え方の上に立っていますが、これは「公的な記憶」とかなりのズレがある。つまり、多くの国民は、戦没者は悲惨な戦争の犠牲者であると考えており、称えるべき「英霊」だとは考えていないからです（拙稿「昭和天皇と戦争責任」、『岩波講座　天皇と王権を考える1』岩波書店、二〇〇二年）。先ほどの加藤さんのご報告にもありましたが、日本の場合、ある種の絶対平和主義がベースになった「公的な記憶」ということになるでしょう。

　ただし、一九八〇年代以降に「公的な記憶」の流動化が始まります。あるいは「公的な記憶」の中に亀裂が生じ始めるということになります。これは多様な記憶との遭遇、衝突や軋轢《あつれき》などを通じて変化が次第に生じてくる。とくにアジアからの日本批判、具体的に言えば、慰《い》安婦《あんふ》の問題、南京大虐殺や強制連行などの問題が、日本政府に対する補償要求という形をとって私たち日本人に突きつけられることになります。そういうものが日本人の「公的な記憶」にある種の亀裂を生じさせる。被害者としての記憶が揺さぶられ、動揺し、そして加害者としての記憶が想起、あるいは喚起され

（1）戦前は、日本最大級の国立戦争博物館。敗戦後は閉館となり、富国生命の事務所として使われていたが、八六年に再び博物館としてオープンし、さらに、二〇〇二年に大改修が行われ、現在の建物となった。

るという問題がある。世論調査をみても、八〇年代以降は、かつての戦争を侵略戦争だと考える人が過半数になります。

八月一五日の終戦記念日の首相式辞を、ずっと調べてみますと、九三年（平成五年）の細川連立内閣成立以降、ある変化が現れます。それは九三年の終戦記念日における細川首相の式辞で初めてアジア諸国に対して、多くの犠牲を強いた戦争であったということが明言されました。それから内外の戦争犠牲者、つまり日本人だけではなくて、外国人の戦争犠牲者に対しても追悼の意を表するというふうに変わる。こうした式辞のあり方は、その後、歴代内閣によって継承され、現在に至っています。例えば、二〇〇九年の終戦記念日における麻生太郎首相の式辞では、「先の大戦では、三〇〇万余の方々が、祖国を思い、愛する家族を案じつつ、亡くなられました。〔中略〕また、わが国は、多くの国々、とりわけアジア諸国の人々に対して多大の損害と苦痛を与えました。国民を代表して、深い反省とともに、犠牲となられた方々に、謹んで哀悼の意を表します」と述べられています。その点では、「公的な記憶」自体が揺さぶられ変化してきていることにも注意を払う必要があると思います。

国民の歴史認識の現状をめぐって

第二に戦争展示は、国民の歴史認識の現状をふまえ、国民的関心に応えるものでな

(2) 靖国神社への首相の参拝は、かつての戦争の正当化・美化につながるとして、中国や韓国などが反発している。とりわけ、一九八五年の中曽根首相の参拝や、二〇〇一年から二〇〇六年にかけて毎年行われた小泉純一郎首相の参拝は、深刻な外交問題に発展しただけでなく、参拝の是非をめぐって国内の世論も二分された。

(3) 一九八二年、文部省が行う歴史教科書に対する検定が、植民地支配の歴史や侵略戦争の歴史を正当化しているとして、中国や韓国な

ければなりません。

一つには、靖国神社問題[2]や、歴史教科書問題[3]をきっかけにして、アジア諸国との間に歴史認識をめぐる相克や摩擦が深刻化しているという問題があります。時にはナショナリズムをめぐる負のスパイラル、一方の国のナショナリズムが、もう一方の国のナショナリズムを刺激し、それがさらに相手の国にはねかえって、ナショナリズムをいっそう刺激するという、負の連鎖が生じていく可能性すらはらんでいる。こういう問題をどう考えたらいいのかということになります。

さらに、今までは、日韓、日中間の問題であったものが、最近は、靖国問題や歴史認識問題が、日米間にも波及しつつあります。たとえば、二〇〇七年七月には、アメリカの下院で、慰安婦に関する決議があがる[4]。この年の終戦記念日に読売新聞が、「日米　戦争認識の差　どう解決」という特集を組んでいるのは、大変印象的です。

また、靖国神社の遊就館の展示がアメリカとの関係で問題になります。遊就館の展示は、基本的にはルーズベルトの陰謀論[5]です。アジア・太平洋戦争の原因は、ルーズベルトの陰謀にあって、日本はこの陰謀に巻き込まれてやむなく開戦に踏みきった、こういう展示になっていた。しかし、これにはアメリカ側からかなり厳しい批判があって、結局展示を変更せざるをえなくなる。二〇〇七年一月のことです。最近でも、二〇〇九年の五月に、いわゆる「バターン死の行進[6]」、フィリピン攻略戦の時に、米軍とフィリピン軍の捕虜に対して、日本軍が行った有名な戦争犯罪ですけれども、その

どから、非難の声があがった。これに対して、日本政府は教科書の是正を約束し、以後、教科書に対する検定も基本的には緩やかになりつつある。しかし、九〇年代後半に入ると、日本の教科書は、日本史の暗部ばかりを書きたてる「自虐史観」に基づいているという保守派からの批判が強くなり、植民地支配や戦争の歴史を教科書にどのように叙述するかが、国内的にも大きな争点となっている。

（4）二〇〇七年七月、アメリカ下院本会議で、日本軍慰安婦問題に関

生き残りの元兵士たちの戦友会に対して、駐米日本大使が公式の謝罪をするということがありました。こういう点で、歴史認識問題というのが、日中、日韓だけではなくて、日米間にも波及して来るという新たな状況の変化も視野に入れる必要があると思います。

さらに、戦争体験世代の減少も重要な問題です。二〇〇八年一〇月時点で戦後生まれは全人口の七五・五%を占めるようになりました。軍隊経験のある男性で生きておられる方の数は、軍人恩給の受給者数などで推定するしかないのですが、下限で四〇数万人、上限で九〇数万人であり、すでに一〇〇万人を割りこんでいます。こういう状況が生まれてきていることも押さえる必要があると思います。

この戦争体験世代の減少という問題は、記憶の問題にも大きな影響を及ぼします。つまり、直接の体験や記憶、あるいは体験に基づく実感というものに支えられた平和意識というものが大きな岐路に立たされているということです。戦争の時代に対する「公的な記憶」というものは、直接の体験や記憶をベースにしていたわけですが、その基盤自体が大きく揺らいでいるということになります。

しかし、その一方で、自らの人生の終末期を強く意識した戦争体験世代の人々、元兵士であった人々が、今までの沈黙を破って、凄惨《せいさん》な戦場の現実を語り始めている事実にも注目する必要があるでしょう。二〇〇七年八月からＮＨＫのＢＳで「シリーズ証言記録　兵士たちの戦争」という番組をずっとやっていて、現在番組をまとめた本

する決議が満場一致で可決されている。この決議は、日本政府に対して、多くの女性に慰安婦という名の性奴隷制を強制したことに対して、公的な謝罪を要求するものだった。

(5) ルーズベルト(一八八二〜一九四五年)は、第二次世界大戦期のアメリカの大統領。ルーズベルトの陰謀とは、彼は、日本海軍による真珠湾攻撃を事前に知りながら、あえてその情報を放置し、「だまし討ち」の汚名を日本にきせてアメリカ国民を戦争に引きずり込んだとする説。陰謀を裏付

が三巻まで出ています(7)。各巻の解説は私が担当しています。この番組を見ますと、やはり証言が非常に生々しいですね。今までなかなか語れなかったことを語り始めている。印象に残るのは、やはり、戦場における飢えの問題です。飢えと病で疲弊しきった兵隊たちが次々に死んでゆく。あるいは、行軍の苦しさに耐えかねて自殺をしたり、発狂したりする。一方で、空腹のあまり、友軍から食料を強奪する追いはぎ化した兵士集団が形成される。人肉食に走る兵士も現れる。そうした凄惨な状況が、繰り返し、繰り返し語られる。

こうした変化の背景にあるのは、戦友会や遺族会の動向です。全国的に見て、戦友会は解散、もしくは休会の状態にあります。遺族会もほぼ同様の状況です。戦友会には、いろいろな機能があって、単純化は禁物なのですが、多様な証言を統制し抑圧する機能、加害証言などを封印していく機能があるのも確かです。戦友会の解散や休会によって、ようやくその縛りが、とれてきた。その結果いろいろな語りが生まれるようになったのだと思います。「シリーズ証言記録　兵士たちの戦争」をずっと見ていますと、やはり遺族には話せないという感情を多くの元兵士たちが抱いてきたことがわかります。あんな無惨で惨めな死に方をしたということを遺族の方々にはとても伝えられないという気持ちが非常に強い。だから語れないという縛りです。ところが、遺族会自体も世代交代をして、戦没者の父母、妻といった人たちは活動の中心にはもういません。そういうこともあって、様々な証言が出てくるようになった。長年にわ

ける一次史料は存在せず、歴史の専門家の間では、支持する者はいない。

(6) アジア・太平洋戦争の初期作戦で、日本軍は、苦戦の末、フィリピンのバターン半島を攻略し、多数のアメリカ兵、フィリピン兵を捕虜にした。食料不足と病気で疲弊したこの捕虜を、日本軍は収容所までの遠距離を徒歩で移動させたため、多数の捕虜が死亡した。警護の日本兵による虐待の犠牲者も少なくない。この「バターン死の行進」は、戦後のBC級戦犯裁判で裁かれ、本

たって元兵士たちの証言を集めてこられた仙田実さんは、その記録を仙田典子さんとの共著、『昭和の遺言　十五年戦争　兵士たちが語った戦争の真実』（文芸社、二〇〇八年）にまとめられていますが、元兵士たちの証言は、まさに「昭和の遺言」という性格を持っています。そういう証言をすくい上げていく努力が研究者の側にも求められているように思います。

もう一つは、戦争責任や戦争の原因についての国民的な関心の持続ということです。戦後六〇年ということで、二〇〇五年には大手の新聞社が戦争に関する全国的な世論調査をいっせいに行いました。これらを見てみると、どの調査においても、あの戦争の原因や責任について、戦後の日本社会は十分に議論してこなかったと考える人が過半数です。私は森茂樹さんとの共著、『戦争の日本史23　アジア・太平洋戦争』（吉川弘文館、二〇〇七年）の中で、「ここでは、国民の多くが向き合わなければならないはずの歴史から逃避してきたと感じていること、そして、その逃避と、今日の日本の閉塞した時代状況の間には、何らかの関連があると感じているように思われること、この二点が重要だと思う」と書きました。そういう国民的な関心にも戦争展示は、応えていくものでなければなりません。

間雅晴陸軍中将が責任を問われて死刑となった。

（7）NHK「戦争証言」プロジェクト『兵士たちの戦争①〜③』（二〇〇九年、日本出版放送協会）。

アジア諸国との関係をどう考えるか

三番目が一番難しい問題ですが、アジア諸国との関係をどのようなかたちで展示の中に織り込んでいくかということです。日本が戦った戦争の最大の犠牲者がアジア諸国であったことを考えるならば、アジア諸国との関係を意識した展示にする必要がある。その場合、九五年の村山富市首相談話(8)を直接ふまえる展示にすべきだという考え方もあり得ると思います。村山談話は閣議決定を経た非常に重い談話です。その後の歴代内閣政権も村山談話の継承を明言しています。これを基本に据えるべきだという考え方にも説得力があります。

しかし、服部龍二さんの論文、「村山談話と外務省」(田中努編『日本論 グローバル化する日本』中央大学出版部、二〇〇七年)は、情報公開法を駆使した非常におもしろい現代史研究ですが、この論文によりますと、村山談話は、官邸主導でできたのではなく、外務省主導の談話のようです。逆に言うと、自民党も含めた政権与党内部での合意形成が非常に不充分な段階で、公表された談話だということになります。そういう点でいうと政権党の中で充分な議論を尽くした上で、作成されたものではありませんから、ご存じのように、この談話と矛盾するような発言、かつての戦争や植民地支配を肯定するような発言が政治家の口から繰り返し出てくるという問題があります。

(8) 一九九五年八月一五日、村山富市首相(社会党)が発表した「戦後五十年に際しての談話」のこと。「植民地支配と侵略によって、多くの国々、とりわけアジア諸国の人々に対して多大の損害と苦痛を与え」たことに、「心からのお詫びの気持ちを表明」した。

同時に、国民的討議を積み重ねた上での談話というわけでも必ずしもありません。

さらに言えば、どうも政治家のレベルでの認識と、世論調査等で見ることができる国民の認識との間にもかなりずれがあるようです。八〇年代以降のどの世論調査でも、満州事変以降の一連の戦争を自衛戦争だと考える人、あるいは、アジア解放のための聖戦だと考える人の割合は、一〇パーセント前後にとどまっています。この数字は全く動いていません。ただし、戦争の性格に関しては、質問の仕方によって、回答がかなり変わる、つまり国民意識の側にも迷いや揺らぎがみられるという問題もある。こうした諸々の問題を考えると、村山談話の取り扱いには慎重さが求められます。少なくとも、村山談話が日本政府の公式見解であることを念頭に置きつつ、最低限次のような配慮が必要だと思います。

一点目は、異なる歴史認識をつきあわせるという配慮です。自らの歴史、日本の歴史の相対化を図ることが非常に重要です。中国から見た視点、植民地であった朝鮮、台湾からの視点、占領地であった東南アジアからの視点、歴史展示はそれをつきあわせる場でなければなりません。しかし、異なる歴史認識をつきあわせることは必ずしもないと思います。戦争の性格について、結論を急ぐ必要は必ずしもないと思います。しかし、異なる歴史認識をつきあわせることによって、自らの認識の相対化を図るということ、これを常に意識しなければいけないと思います。

私の勤務する一橋大学では、もう一〇数年も前から、ソウル大を中心にした韓国の歴史研究者との研究交流をやっています。最初は中学校の歴史教科書の相互批判をやりました。朝鮮史の教科書を私たちが批判する。韓国側は日本史教科書を批判する。その次に高校の歴史教科書、大学の一般教養の教科書という形で、相互批判を積み上げていきました。これは大変勉強になりました。歴史展示の場合でも、同じ歴史的事件が、韓国や中国の歴史博物館ではどのように展示されているのかを、あわせて示すというやり方もあるのではないでしょうか。

二点目は「帝国」という空間と秩序の中に、日本人の民衆の生活を置き直してみるということです。最近、大門正克さんが『日本の歴史15　戦争と戦後を生きる』（小学館、二〇〇九年）という通史を上梓されていますが、この本は、「帝国」の内部における民衆の日常生活や国境を越えた移動のあり方を生き生きと描き出しています。この点は、今回の歴博の展示ではかなり強く意識されていて、先ほど人の移動が大きなポイントになるというご報告がありました。おそらく、歴博展示のユニークさの一つになると思います。

三点目は、二点目の「帝国」という空間と秩序の中に、日本民衆の生活を置き直してみるということを別の角度からいうことになりますけれども、日本と朝鮮、日本と中国といった枠組みを乗り越えるような努力も必要だと思います。たとえば、朝鮮は私たちの「外側」にあるのではなく「内側」にあります。日本の中にある朝鮮という問題、このことを考える上で、最近、私自身がこだわっているのは、朝鮮人の特攻隊員の問題です。これはあまり知られていない事実ですが、陸軍の場合でいえば、少なくとも、一七名の朝鮮人パイロットが、特攻で戦死しています。そのうち九名は少年飛行兵出身です。彼らの特攻死は、朝鮮国内で大々的に報道され、朝鮮人の戦時動員キャンペーンに利用されました（裵姈美・野木香里「朝鮮人特攻隊員をどう考えるか」、『歴史地理教育』二〇〇八年八月号）。また、出撃前夜に搭乗機に放火して軍法会議にかけられた朝鮮人特攻隊員の存在も確認されています（林えいだい『重爆特攻さくら弾機』東方出版、二〇〇五年）。そういう人々の存在を切り口にして、「帝国」という問題を考えてみるというアプローチもありえるのではないかと考えます。

歴史研究の現状をどう考えるか

四番目は、ある意味では当然のことですが、展示は歴史研究の成果をふまえたものでなければならないということです。軍事史研究は、ここ一〇数年ほどの間に急速な進展をみせた研究分野だと思います。その場合、重要なポイントは、鹿野政直さんの『兵士であること』（朝日新聞社、二〇〇五年）が指摘しておられるように、戦争史、軍事史というものが、国家史の主題から、民衆史、社会史の主題に移行したということだと思います。この変化をふまえるならば、やはり、民衆史、社会史から軍隊、戦争を捉えるということが、歴史展示の場合でも重視されるべきだと思います。ただし、最近は民衆史、社会史ばやりだといってしまいますと怒られてしまいますけれども、政治史、外交史がやや軽視されるという問題もあります。政治、外交史の研究成果をどのように反映させていくのか、それを民衆史、社会史とどのように関連させながら展示していくのかということは、かなり難しい問題のように思います。

歴史研究の問題でいえば、もうひとつ防衛省の防衛研究所戦史部が、六六年から八〇年にかけて、『戦史叢書』全一〇二巻を出版しています。(9) これは、当時、私たち一般の歴史家がみることのできなかった一次史料に基づいた研究であって、これを無視して、軍事史研究、戦争史研究が成り立たないのは事実ですが、この『戦史叢書』自体も批判的な歴史分析の対象になろうとしています。最近、庄司潤一郎さんの論文、「『戦史叢書』における陸海軍並立に関する一考察」(『戦史研究年報』第一二号、二〇〇九年)を読んで、驚きました。庄司さんは、防衛省防衛研究所の研究者なのですが、この論文は、抑制が効いてはいますが、『戦史叢書』に対する正面からの批判です。

戦史部の前身である戦史室の開室以来、一九七一年三月末までに、戦史室に在籍した戦史編纂官等の総数は、一二一名、このうち、実に一一八名が陸軍士官学校、海軍兵学校、海軍機関学校の出身者です(拙稿「なぜ、いま、『戦場』を問題にするのか」、『歴史地理教育』二〇〇九年八月号)。私自身、繰り返し批判してきたように、『戦史叢書』は、旧陸海軍将校、エリート幕僚将校の立場と歴史観から書かれた戦争史という大きな限界をもっています。特に、戦前の陸海軍の対立が戦後まで持ち越されていて、陸軍関係者の書いた巻は海軍に批判的で、海軍関係者の書いた巻は陸軍に批判的

(9)防衛庁防衛研修所戦史室(現在は、防衛省防衛研究所戦史部)が、一九六六年から一九八〇年にかけて刊行したアジア・太平洋戦争の公刊戦史。侵略戦争という認識が希薄なだけでなく、作戦史指導や戦闘の分析が中心であり、情報・兵站・衛生などの問題が軽視されるなど、独特の偏りがある。

ということになります。そのことを庄司さんは批判されています。防衛研究所の中から、こうした批判が出てくることを考えると、戦争史研究、軍事史研究が、大きな変化の時代、転換の時代を迎えていることを実感させられます。そういう変化を歴史展示にどのようにして、つなげていけるのか。これは大変難しい問題ですけれども、歴博の歴史展示問題をきっかけにして、私自身も、この問題を考えて続けていきたいと思います。

コメント2

日清・日露戦争研究の現在から

原田敬一

佛教大学文学部

今回、私は三点をお話しするつもりです。日本の国立歴史博物館が、「戦争と平和」の展示に踏み切るということを重く考えたいのです。

現在、各地の自治体がつくっている博物館や資料館では、ほぼ毎年夏、七、八月に「戦争と平和」をテーマにした特別展を行うところがたくさんあります。「戦後五〇年」の節目の際がもっとも多かったようで、それ以降少し減ってはいますが、続いています。また、「戦争遺跡を歩く」「戦争遺跡から戦争を追体験する」という試みが、各種のフィールドワークとしても行われ、その中で「戦争遺跡」の価値が再評価され、保存運動も広がっています。これらに関連した書籍の出版も盛んです。*

こういう段階で、今回歴博が「戦争と平和」の展示をするという時に、どう考えるのか、という課題が私たちに突きつけられたのです。現代の博物館展示は、知識を学芸員さんや館の側が示し、入館者はそれを見て学ぶ、というスタイルから脱却しています。展示されたものをどう考え、次の展示につなげていくのか、さまざまな博物館や資料館では、入館者を受動的にだけ受けとめないで、言葉通りではないにしても、

*最近のものでは、次のものがある。
・戦争遺跡保存全国ネットワーク編『戦争遺跡から学ぶ』(岩波ジュニア新書、二〇〇三年)。

相互交流によって展示作りを協働すると考えているのではないでしょうか。本日のシンポジウムは、そういう積極的な試みの一つだと考えられます。

「戦争」をどう描くか

まず、「戦争」そのものをどう描くか、どう展示するか、という問題があります。もちろん粛々と「実態」を展示する、ということになるのですが、「何を」展示すれば、「実態」となるのか、については、共通認識が出来ているわけではないと思います。自治体の博物館や資料館では、「実物展示」を行っています。歩兵銃や千人針などが思い浮かびます。「戦争」に関わったさまざまな「実物」を集めてくることが必要になります。ということは、現在残っている、または人前に出せる、というモノが展示の「実物」になる、ということです。日清・日露戦争は一〇〇年以上前になりますから、「実物」は少ないです。一九四五年敗戦、というのは、戦争の「実物」保存という意味では、大きな裂け目です。それまで日清・日露戦争のものだ、ということで、小学校や神社などにさまざまな「遺品」「戦利品」「象徴的なモノ」などが陳列され、人びとに提示されていました。一九四五年敗戦でそれらはあっという間に姿を消しました。小学校には「学校日誌」という教員が毎日記入する業務日誌が義務づけられ、それらをもとに「学校沿革誌」が編纂され、おおむね「学校沿革誌」を基礎に、

・十菱駿武・菊池実編『しらべる戦争遺跡の事典』(柏書房、二〇〇年)。

小学校の年史（五〇年史や一〇〇年史など）が編纂されています。年史や「学校沿革誌」には、「御真影」や「教育勅語」の下付や敗戦後の返還について細かく記述しているものが多数ですが、小学校内にあった、そういう戦争関係の陳列室や陳列品が、どんなものであり、いつどのように廃止になったのか、陳列品がどこへ行ったのか、などについて記録しているものを、私は寡聞《かぶん》にして見たことがありません。「知らない間に」なくなったことになっているのが、ほとんどの例だと思います。*

滋賀県の栗東《りっとう》市にある歴史資料館**は、毎年夏の展示で、清国軍の軍服を展示しています。これは日清戦争の戦利品として全国に配布された数千点の一つで、全国の小学校、中学校、高等女学校、神社などに保存され、戦争を回顧するモノとして公開されていたものです。日露戦争でも同じように配布されたので、数万点が全国にあったはずですが、栗東市のように所在が明らかになり（栗東市の清国軍軍服は、ある神社の所蔵品でした）、公開されるという例は多くありません。ここには、戦前社会が「戦利品」として認識し、青少年を鼓舞《こぶ》する役割を果たしていたモノを、現代の私たちが、探し、発見し、保存し、位置づけ、公開する、という博物館施設が当然考えなければならない過程がすべて含まれています。「実物」展示というのは、なぜそれが残され、あれは残されなかったのか、という問題も含めて計画される必要があるものです。

「実物」展示というのは、多くの問題を持っているということを考えねばなりません。「戦場の写真」として、旅順砲台や日本軍の大砲を撃っている様子などを展示す

*アジア・太平洋戦争下で金属供出されたものもありました。
**栗東市歴史民俗博物館、滋賀県栗東市小野二二三三―八。

るとします。それにはどういうキャプションがつくのでしょうか。つくべきでしょうか。例えば、「進んだ科学技術を日本軍は使うことが出来る段階だった」という説明で終わるのならば、戦争の「実態」を十分説明したものにはなっていないと思います。博物館で武器を展示した場合、それらがどういう形で調達されたのか、ということに触れているものはほとんどないと思います。日露戦争の場合、日本海海戦で日本海軍の連合艦隊はバルチック艦隊に圧勝した、と書く歴史書は多いですし、展示のキャプションとしている所も多いと思います。それをもう一つカメラを後ろへ曳くことによって、状況を見直してみると、ロシア艦隊の多くは自国の造船所で建造した自国製であったけれども、日本の場合、戦艦の六隻すべてがイギリス製で、装甲巡洋艦八隻もすべて外国製でした。装甲巡洋艦の場合、四隻がイギリス製であるばかりか、アームストロング一社の建造でした。あとの四隻は、イタリア製二隻と、フランス製、ドイツ製でした。造船が欧米に委任されていただけでなく、砲装もイギリスのアームストロング社一社にまとめられており、そのことが日本海軍の強みとなっていました。* 日本をはじめとするアジアの武器市場にヨーロッパの兵器産業は、一九世紀半ば以来、二〇世紀初頭まで大きく食い込んでおり、このことを抜きにして、「アジアの戦争」という展示が意味のあるものになるかどうか、十分考えねばなりません。もちろん経済史的な展示は難しいだろうという予想はしています。

日清戦争に関して言えば、研究はいろいろ進んできました。先ほど吉田さんがおっ

*大江志乃夫『バルチック艦隊』中公新書、一九九九年。

しゃったように、社会史的な軍隊、軍事の研究が広がり、私たちは「軍隊の社会史」を研究していると、自称できるようになっています。

この絵は、日清戦争のある場面を想像して、同時代に描いた錦絵版画です（**写真1**。会場では、姜徳相『錦絵に見る日本・中国・朝鮮』（岩波書店）から絵を示しましたが、掲載上の都合から原田所蔵の錦絵に変更しました）。この絵の意味を読み解きたいと思います。

日清戦争は一八九四年（明治二七）八月一日の「宣戦布告」で始まる、と歴史の本には書いてありますが、「宣戦布告」が開戦を意味する、という共通認識はまだ成立していない時期なので（成立するのは、日露戦後の一九〇七年に改訂された「ハーグ陸戦条約」）、「宣戦布告」自身にはほとんど意味はありません。いつ「実態」としての戦争が始まったのか、というのが、日清・日露戦争における実際上の問題でした。

現在の高校教科書などでは、そこを考えて、七月二五日の豊島沖《ほうとうおき》海戦を「事実上の開戦」という位置づけをして、日清戦争は始まった、と書いています。ではなぜ七月二五日牙山湾《がざんわん》に向かう清国軍の軍艦や輸送船が攻撃されねばならなかったのか、という問題は説明されず、ただ攻撃により戦争は始まった、としか書かれてはいません。参謀本部が日清戦後につくった『日清戦史』*には、朝鮮の政府から、清国軍を追い出す依頼の公文書が日本軍に手渡され、それに基づくものだと記されています。公文書の存在も依頼自身も、今では日本の偽装とされています。

*別題『明治廿七八年日清戦史』全八巻、一九〇四年。

［写真1］『朝鮮軍記』（三枚ものの二）

宗主国であり、歴史的関係の深かった清に対し、朝鮮政府はなぜそのような絶縁状とも取れるものを出したとされるのでしょうか。実は、その前提になる「事件」があります。参謀本部は『日清戦史』に偶発的な事件だったとしか書いていないが、大きな事件でした。そのことがこの錦絵版画から読み取れます。

四コマのうち最上段に書かれているのが、七月二三日早朝の景徳宮攻撃の図です。明らかに王宮の外から日本軍が攻撃した戦いになっています。私はこれを「七月二三日戦争」と呼んでいます。一八九四年七月二三日の夜明け前から日本軍が行動を開始し、漢城府内に入り、朝鮮国王の居住地である王宮・景徳宮を攻撃して占領し、国王である高宗を虜《とりこ》にするという大事件です。この戦闘で日本軍にも朝鮮軍にも戦死者が出ます。国王を虜にした日本軍と日本公使は、親日的政権の樹立を認めさせ、彼らが清国撃退の公文書を出したことにしました。これが日本軍の開戦の「大義名分」、口実となり、七月二五日以降の日清戦争につながるのです。*

『北国新聞』など同時期の新聞にも「京城での戦争」などと報じ、「戦争」開始と判断した人たちもいました。錦絵の描き方といい、一部の新聞報道といい、「七月二三日戦争」の事実を認めてもよいと思いますが、まだこれは多数の認めるところにはなっていません。しかも、錦絵は現場で描かれた写実的な作品ではなく、東京や大阪などで報道される新聞や、伝聞などを基にして描かれた、いわば想像画ですから、写真のスクープとはまったく異なったものです。となると、明らかに景徳宮を攻撃して

＊拙著『日清戦争』(吉川弘文館、二〇〇八年)。

いる様子を描いた、この錦絵はどう考えねばならないのでしょうか。現在のところ、こう考えられるでしょう。六月一二日仁川港に着いた先発隊（歩兵一箇大隊と工兵一箇小隊）に続いて第一次輸送隊が送り出され、二七日には計画通り混成一箇旅団八〇三五名が仁川港に上陸しました。この間、日本の新聞は、清国との開戦必至という予想を流し、国民の間に戦争気分を高めていました。漢城にいる大鳥圭介公使は、欧米諸列強の反発を配慮して、増派や漢城への入城を中止する提案もしますが、今回の出兵が「何事ヲモ為サス、又ハ何処ヘモ行カスシテ、終《つい》ニ同処ヨリ空シク帰国スルニ至ラハ、甚タ不体裁ノミナラス、又政策ノ得タルモノニアラス」という陸奥《むつ》宗光《むねみつ》外相の大鳥公使宛電報に示されているように、今更引けない、という政府の判断によって出兵の成果を得なければ撤兵できない、という空気が、政府内外に強まっていきます。

こうした状況が、**（写真1）**のような、攻勢に出た日本軍と日本公使、という図像をつくらせたのではないでしょうか。想像画ですから、実際には景徳宮攻撃の際にはいなかった、大院君*を大鳥公使と並べて描いています。攻撃占領の後、大院君が自宅からしぶしぶ出て来るので、さまざまな情報を交えた図となっています。この戦闘情景は珍しくなく、たくさん発見されています。六月以来、漢城、仁川、釜山などには日本人の新聞記者や画家などが入り込み、虚実入り交じった情報を新聞や雑誌に伝えていました。錦絵という絵の情報、その情報源、書かせた（依頼した）人や新聞社の考えや思い、などを調べ、丁寧に説明しなければなりません。戦争の「戦史」自体の

*国王高宗（コジョン）の父。幼王をたすけ国政の実権をにぎった。

見直しも必要になると思います。

日清戦争の社会史的な研究では、専修大学の大谷正さんが『軍夫と兵士の日清戦争』*を書かれ、埼玉大学の一ノ瀬俊也さんが『旅順と南京』**という、新着眼点による書物を相次いで書かれました。両著の主人公は、「軍夫《ぐんぷ》」という聞き慣れない人たちです。日露戦争でも、アジア・太平洋戦争でも「軍夫」は雇用されているのですが、とりわけ日清戦争では非常に大きな意味を持ちます。日清戦争では、兵器や食糧、衣服などを輸送する兵站《へいたん》部門を担当する、輜重輸卒《しちょうゆそつ》と軍馬が訓練不足等のためほとんど動員できず、民間の口入れ業者などに依頼して、大量の人夫を雇って、大八車などで輸送を担当させています。東京なら有馬組などの、有力な口入れ業者が集めた軍夫が百人組や千人組に組織され、朝鮮半島や中国へ渡っていったのです。仙台の第二師団の場合、宮城県や岩手県の県庁指導部が、積極的に人集めを進め、千人長などの幹部には県庁の役人や旧藩の重役、学校の訓導などを派遣しています。***朝鮮半島の戦闘が終わり、鴨緑江《おうりょくこう》を渡る段階で、彼らは「準軍属」という扱いに切り替わりますが、それまで数ヶ月はまったく民間人としての扱いで、防寒具や衣服も自己調達でした。酷寒《こくかん》の中、道ばたで死ぬ軍夫なども現れ、一ノ瀬さんが発見した絵日記などに描かれています。

一八九四年（明治二七）六月の出兵から、一八九五年四月までの戦争、さらにその後続く台湾征服戦争（台南占領報告は一八九五年一〇月）まで「軍夫」は兵站主力とし

*有志舎、二〇〇七年。
**文春新書、二〇〇八年。
***大谷正前掲書。

て集められ、海外へ派遣されています。日清戦争で設置された戦時大本営は、一八九五年四月の下関講和条約調印で解散したのではありません。一八九四年六月五日から一八九六年四月一日まで一年一〇ヶ月、戦争を指導する最高機関である「大本営」が設けられているので、参謀本部の『日清戦史』は、その間に動員し海外派兵した軍人総数を一七万八二九二人と計算した統計を掲げていますが、同じ期間に集められ海外に派遣された軍夫もほぼ同数います。日清戦争は、三三万人の軍人・軍属・準軍属（軍夫）が海外へ派遣された、近代アジア最初の大戦争だったと考える必要があります。彼らが、何人亡くなり、何人病気になり、内地に還送されたのか、などについて、参謀本部は調査を怠り、『日清戦史』には記録されませんでした（動員数については、「雇役軍夫十万以上ヲ使用」第一巻第四章六五頁、「内地軍夫十五万三千九百七十四人ヲ傭役」第八巻第四五章七四頁、と二つの数字が示されています）。「軍夫」が大きな役割を果たしていた日清戦争、というのは、新しい日清戦争像ですが、それだけではないと思います。

彼らの姿は、錦絵や雑誌『風俗画報』（**写真2**）などにも描かれ、一ノ瀬さんや岡部牧夫さんが発掘した軍夫の日記なども残されています*。日記などを記録し、戦場でのさまざまな思いをまとめていく、一定の知識と記録力を持った人たちが、おそらく初めて海外へ、朝鮮から中国へと渡っていき、戦場を見、戦争を体験するわけです。彼らは民間人の扱いで従事し始めますから、賃金が出て、故郷への仕送りなどもして

*「征清軍随行日記」全四回、『創文』一〇六〜一〇九号、一九七二年三月〜六月。

〔写真2〕軍夫の輸送従事を描いた絵（『風俗画報』）

いますが、労働条件としては非常に厳しいものでした。しかも、将校も兵士も、戦後になると一時賜金や勲章の年金の形で保障が施されますが、軍夫にはまったくありませんでした。近衛《このえ》篤麿《あつまろ》たちは軍夫救護会などをつくり、義援金集めを呼びかけていますが、実態はよくわかりません。つまり、国家から完全に見捨てられた人びとが、実は日清戦争を支えていたという新しい日清戦争の事実が、近年の研究で明らかになりましたが、このことを反映させるためには、どのような展示が必要なのでしょうか。

　歴史学が描いてきた日清戦史などでは、軍夫の姿はずっと忘れられてきました。古い『仙台市史』（一九五〇～一九五六年刊行）などを見ますと、「軍夫」が日清戦争の兵站を担当した、という事実は書かれていて、その存在は周知のことでした。同時代の新聞や雑誌には当然描かれていますし、小説でも登場します。国木田独歩の「置土産」*という作品や、泉鏡花の「海城発電」**にも「軍夫」は重要な登場人物として描かれています。こうした事実が、各種の戦史出版の中で忘れられた存在となり、現在の日清戦争観となっている。そのように、歴史から欠落しているものを、丁寧に拾うことも博物館展示への要請になると思います。

「戦後」をどう描くのか

　今回の「戦争と平和」という展示計画では、「戦後」というテーマは、現在のとこ

*雑誌『太陽』一九〇〇年一二月号に発表。
**『太陽』一八九六年一月号に発表。

ろない、と言っていいかと思います。日清・日露戦争の間、戦間期という時期に、政府は軍備拡張を進めるために、地方自治体に対しては非常に抑制的な、圧縮財政を求めました。地方自治体は必要な社会基盤整備を先送りにしなければなりませんでした。さらに戦争が始まると、国債の購入や軍資献納、献金運動も行政が音頭を取って推進されていき、地方財政はますます窮迫していきました。

では地方自治体は、戦争に協力するだけで何もしなかったのか、というとそうではありませんでした。道府県や市町村がどのように日露戦争に協力したのかを記録した「時局史」「時局誌」「戦時事績」などが、内務省の指示で編纂に入り、戦後数年で刊行されています。その編纂自体も、地方自治体のマネージメント能力の向上という意味で評価すべきものです。そうした記録や、最初に申し上げた小学校の年史、「学校沿革誌」などの史料を見ると、「戦役記念」を名目として学校林造成や植林など、将来を見通した学校財産、村財産の形成が始まります。これらは自治体史の編纂過程で明らかにされている事実で、いわば戦争が何を変えたのか、という視点が求められているのではないでしょうか。

もう一つ「戦後」の大きな問題に追悼《ついとう》の問題があります。**(写真3)**は、山口市に現存する「山崎陸軍埋葬地」です。近代の初め以来、日本国中に陸軍埋葬地と海軍埋葬地(のちに陸軍墓地・海軍墓地と呼ぶようになる)が造られました。平時の訓練や軍隊生活、病気、けがなどで亡くなった兵士や下士官、将校たちを葬る官有墓地として、師団と鎮守府が管理・運営し、陸軍と海軍の衛兵が守っていました。一九四五年で廃止になりましたが、現在でもほとんど各地に残っています。広島県呉市は、町おこしの一環で「呉市海事歴史科学館（通称：大和ミュージアム）」*をつくり、人寄せに成功したので、防衛省は、「大和ミュージアム」の側に、海上自衛隊の呉史料館として「てつのくじら館」という、実物潜水艦一隻と展示施設を新設しました。同時に呉市は、「おすすめ観光コース」の一つに、旧呉鎮守府司令長官官舎（入船山記念館）や大和ミュージアムとともに、「旧海軍墓地　長迫公園」を組み込んだ「旧海軍の歴史コース」を設定し、ホームページなどで紹介しています。一九九五年、戦後五〇年という節目より慰霊祭を続けていた旧海軍の戦友会の人たちが訪れなくなったので、こうした観光コースの設定で補おう、という努力の現れでしょうが、おそらく海軍墓地を訪れる人たちも増えたと思われます。

陸軍墓地は、ほとんど忘れられた存在になっています。写真で示した「山崎陸軍埋葬地」も荒れ果てた姿になっていますが、残存している石柱が珍しいモノでした。「墓参之外不可入」とある面の左手の面には「陸軍省」とあります（**写真4**）。入り口の石柱の横には衛兵が立って、こうしたことを注意していたと思われます。陸軍記念日などには、地域の小学校、中学校、高等女学校などの児童・生徒が集団で掃除と墓参を命じられ、兵士たちの集団墓参もありました。靖国神社や護国神社だけではなく、師団や聯隊の練兵場でも慰霊祭が行われ、地域の忠魂碑や忠霊塔の前でも慰霊祭

*広島県呉市宝町、二〇〇五年四月開館。

［写真３］　山崎陸軍埋葬地の入り口

［写真４］　山崎陸軍埋葬地の入り口に立つ陸軍省の石柱

が行われていました。当然陸軍墓地や海軍墓地でも行われていたので、こうした多様な慰霊、追悼の実態をどのように展示するのか、ということも視野に入れる必要があると思います。

「軍隊」の描き方

今回の展示計画では、以前に行った佐倉聯隊の展示*を再活用するそうです。その展示は、時間をかけたよくできたものでしたが、いちばん興味深かったのは、佐倉聯隊の門前町の復元でした。床に地図様の描き方をして、歩いてみる感覚を表現していました。兵士たちの生活を展示する場合、兵営の再現というのが、すぐ思いつくものです。仙台市の歴史民俗資料館は、歩兵第四聯隊の兵舎を再利用しているため、内務班の様子を復元しています。愛知県犬山市の博物館明治村にも歩兵第六聯隊の兵舎が保存され、内務班の様子が復元されています。

しかし、兵士の生活は兵営の中だけではなく、門前町も含めてあるわけです。兵営で合宿しながら、門前町に「下宿」を確保し、休日にそこでごろごろしたり、制服を着替えて町に出るといったことも戦前から現在の自衛隊に至るまで普通の出来事です。門前町には、将校や下士官、兵士の御用達とも言うべき店が各種そろっていました。将校は、任官した時点からすべてを自前で誂えねばなりませんでした。ヨーロッ

*国立歴史民俗博物館企画展「特別展　佐倉連隊にみる戦争の時代」二〇〇六年七月四日～九月三日。

パの貴族をモデルとして軍隊の将校が位置づけられているので、すべて官給品からなる兵士とは格が違う、という権威的な考え方に基づいています。将校の拳銃などは、門前町ではなく、偕行社《かいこうしゃ》という将校だけのクラブ的団体に発注していますが、制服やマント、長靴《ちょうか》などは門前町の洋服屋や靴屋が十分用を果たしています。兵士が除隊するときに「除隊土産」を購入する御用達も、必ずありました。

（写真5）で示しているのは「兵隊盃」と呼ばれているものです。加藤六月『兵隊盃―平和への無限の思い』*は、一万点にのぼる収集品を整理した写真集で、これ以後「兵隊盃《へいたいさかづき》」という名称が定着したと思われます。戦争の記念、凱旋記念でつくられた盃が、日清戦争で見られ、「征清記念」などと書き入れられています。また日露戦争や第一次世界大戦、シベリア出兵など凱旋記念の盃つくり、兵士たちの購入、郷土へ帰っての配布などが一連の過程として広がっていきます。**（写真5）**は「除隊盃」と言えるもので、これが最も多いと考えられます。陸軍を現す旭日旗や桜、海軍の碇《いかり》を記入したものもありますし、砲兵や工兵、高射砲兵など兵科を記したものも見られます。これらはどのような役割を果たしたのでしょうか。**（写真6）**は、**（写真5）**の一部を裏返したものです。小口《こぐち》と言われるところに兵士の苗字が書かれています。これらは、おそらく日中戦争など戦局が悪化してからつくられたものと思われ、加藤さんの収集した、もっと古い時期のものは、姓名がすべて記入されています。**（写真6）**のような苗字だけに簡略化した書き方をしているものは、アジア・太平洋戦争の後

＊総合政経懇話会出版部、一九八四年七月。

［写真5］「兵隊盃」（歴博所蔵）

［写真6］「兵隊盃」の小口に書かれた苗字（同）

期、余裕のなくなった段階のものと判断できます。展示する際には、表側の兵科を示す面だけではなく、裏を返して見せてほしいものです。

いずれにしろ、除隊する兵士たちは、門前町の「土産店」でこれらの「除隊盃」を選び、名前入れを頼み、村へ持って帰りました。村長さんや村会議員、村の有力者を中心に配布して、私は入営して一人前のおとなになった、ということを強く主張する道具の一つが「兵隊盃」だったと思われます。自治体史の調査でもほとんど行われないものですが、民具調査の一環として「兵隊盃」を調べてはどうでしょうか。実は盃だけでなく、徳利や朱塗りのお盆、湯呑み、急須、茶托、茶碗などさまざまなモノが、除隊する下士官や兵士などの懐具合と相談の上、注文・購入・配布という過程をたどるのだと思います。門前町の復元と「兵隊盃」の展示、というセットが、兵士たちの体験、兵営生活、除隊後の青年たちの生き様などをより豊かに提示する方法になるのではないでしょうか。一つの小さな「実物」展示をテコにして、どれだけ豊かに、その時代や社会を具体的に想像させることが出来るのか、という、博物館・資料館がいっそう考えを深めていかねばならない課題が、私たちの前には広がっていると思います。

コメント3

戦争と植民地

杉原　達
大阪大学大学院文学研究科

はじめに――戦争・人の移動・植民地

ただいま三人の先生方がそれぞれのお立場から総合的で密度の濃いお話をされました。さて「戦争と植民地」というのが私に与えられた課題ですが、このテーマの中にはさまざまな論点が含まれています。もちろん戦争そのもののトータルかつ詳細な把握という問題があり、また戦争の展開の前段階やその後も含めて戦争と連動する植民地のありかたの問題があります。具体的には、植民地統治のシステムとか、支配の貫徹のしかたの特徴であったり、あるいは近年でいうと、植民地における工業や農業の近代化がどのようなかたちで進んだのかといったことを議論ないし評価することをめぐる論点もあります。他方、抵抗といっても、一枚岩として一色に描けるものではなく、実にさまざまな形での抵抗や交渉があったことが具体的に掘り起こされ、それらの位置づけが問題になっております。

こうしたことを短時間で俯瞰《ふかん》的にお話する余裕も力量もありません。そこで、私の方からは「人の移動」という、やや限定的な角度から、具体的な例に即しつつ、コメントを試みたいと思います。つまり戦争と植民地を直結させるだけではなく、その両者の間に人の移動を入れてみて、歴史をより立体的にとらえたいという立場からお話をしてみたいということです。

ところで、それぞれに問題関心は同じでないにしても、人の移動を念頭におきながら「戦争と植民地」あるいは「帝国と植民地」という問題を考えようとする動きが、近年、いろいろなところで出てきております。具体的には歴史学研究会や、日本史、西洋史、あるいは歴史科学者協議会、もちろん日本移民学会そのほか、この五年、一〇年のさまざまな学会や研究会の特集、各種雑誌、出版物、報告書などを見ていますと、こういうテーマを立てて論じる企画がずいぶん多く見られるようになりました。もちろんその背景には、トランスナショナルな事態が種々なレベルで出てきていることがあるでしょう。そしてそれは、今突然出てきたことではなく、実は五〇年前、一〇〇年前、あるいはもっと以前から今とは質的には違うかもしれないけれども、存在してきたのではないかという認識が次第に共有されつつあるように思います。別の言い方をすれば、グローバリゼーションという言葉は、近年流行の表現です。かつてはそのような言葉は使わなかったけれども、実は似たような問題があったのではないかというような学問的反省は、決して新しいものではないのですが、この間、改めて定着しつつあるように見えます。その中で、資本・商品・労働力、表現をかえればカネ・モノ・ヒト、さらには情報といったものの移動、あるいは封鎖、軋轢《あつれき》、交流といったことが大きな問題になるわけですけれども、とりわけ人の移動に注目が集まっているといえるように私は感じています。

つまり最初に申しましたように、戦争と植民地という二つの言葉の間に人の移動ないし越境という言葉を入れて、戦争・人の移動・植民地というかたちで、考えようというのがこのコメントの意図であり問題提起になります。

第6展示室における「人の移動」への注目

本フォーラムの冒頭で、安田先生が端的に紹介をされましたが、今回の展示にもこのような認識が、さまざまな形で埋め込まれています。いくつか具体的に紹介します。

「膨張する帝国」という中テーマにおいて、帝国内の「人」の移動ということが取り上げられております。ハワイ、アメリカ、カナダ、ブラジル、ペルーといった南北アメリカ、第一次世界大戦後に国際連盟から統治の委任を受けたトラック、パラオ、サイパンなどの南洋諸島、それから、台湾、中国、いわゆる「満州国」そして朝鮮といった地域への、またそうした地域からの人の移動が視覚的に示されます。帝国版図の地図であったり、人口移動の統計表のほかに、具体的なモノに注目するという特徴があります。たとえていえば、海外移民を奨励する各種のパンフレットとか、旅行の体験記、写真帖、あるいは教科書、絵葉書などがあります。ご年配の方には懐かしいかもしれませんが、『冒険ダン吉』などの南洋へのあこがれをかきたてるマンガなどもあります。

またある方の通信簿の複製が展示される予定になっています。この通信簿は、東京市立の尋常高等小学校に入っていた朝鮮人少年のものです。彼の「昭和十五年度　通信簿」の表に記載された名前を見てみましょう。朝鮮名が二本の縦線で消去され、その右に日本名が記されています。この昭和一五年は、一九四〇年ですが、皇紀二六〇〇年にあたります。その紀元節を期して創氏令が発布されました。同令は二月一一日から六ヶ月以内に氏の届出が受理されることになっていました。この少年は、一学期の終わりには民族名の通知簿をもらいましたが、夏休中の間に「創氏《そうし》改名《かいめい》」がおこなわれ、二学期からは通信簿の名前が日本名で書かれるということになるわけです。*この資料は、姜徳相《カン・ドクサン》さん（在日韓人歴史資料館館長）に見せていただいたのですが、姜さんご自身も同様の体験をなさったとのことでした。私はこのことを伺った時に、その話しぶりが淡々としたものであっただけにいっそう、小さい頃のある思い出がずっと今の今に至るまで、自らの中で痕跡としてしこりが残り続けているのだなということを強く感じました。この通信簿は、国立歴史民俗博物館が重視している生活史、国

『冒険ダン吉』表紙（歴博所像）

＊在日韓人歴史資料館編『写真で見る在日コリアンの一〇〇年——在日韓人歴史資料館図録』明石書店、二〇〇八

際関係、そしてマイノリティといった問題群が、まさに絡み合って刻印されているモノそのものではないかと思います。(写真1)

こういったことは、戦争と植民地をどう考えるのかということと関係してきます。戦争が、いわゆる内地と切り離された海の向こうのどこか彼方で行われたり、さまざまな抑圧と抵抗が発生したということだけではなく、まさに内地の中に戦争というものが、あるいは植民地というものが持ち込まれて、それらが渾然《こんぜん》一体となって人々の経験の中に生き続けているということの重要さを思います。つまり戦争と植民地の間に人の移動を媒介させることによって、問題が具体的に浮き彫りになってくることがあるのですね。そうしたモノや事柄を手がかりにすることによって、博物館展示が、当時を生きていたわけではない現在の子どもたちや若い人たちとともに、近現代日本をめぐる歴史や民俗の議論をしていく場になっていければと願います。

このような点は、中テーマ「戦場の実相」においても意識されています。軍事郵便を使って、「満州国」を含む中国戦線に展開する部隊兵士たちと千葉県のある村の国防婦人会との具体的なつながりが示されています。また終戦、敗戦、引き揚げ、解放、進駐というようなコーナーでも、写真やニュース映画、独自に撮影された映像資料などを通じて、移動する人びとと、移動せざるを得ない人びととの姿を映し出す工夫をこらしています。

さらに大テーマⅡ「戦後の生活革命」においても、「都市へ向かう人びと」や「高

年、を参照。また「創氏改名」は、単に朝鮮人の名前を日本人風に変えさせたものとしてだけではなく、同化と差異化という日本の植民地支配の特徴を示す性質をもっていたことについては、水野直樹『創氏改名』岩波書店、二〇〇九年、が詳しい。

写真1

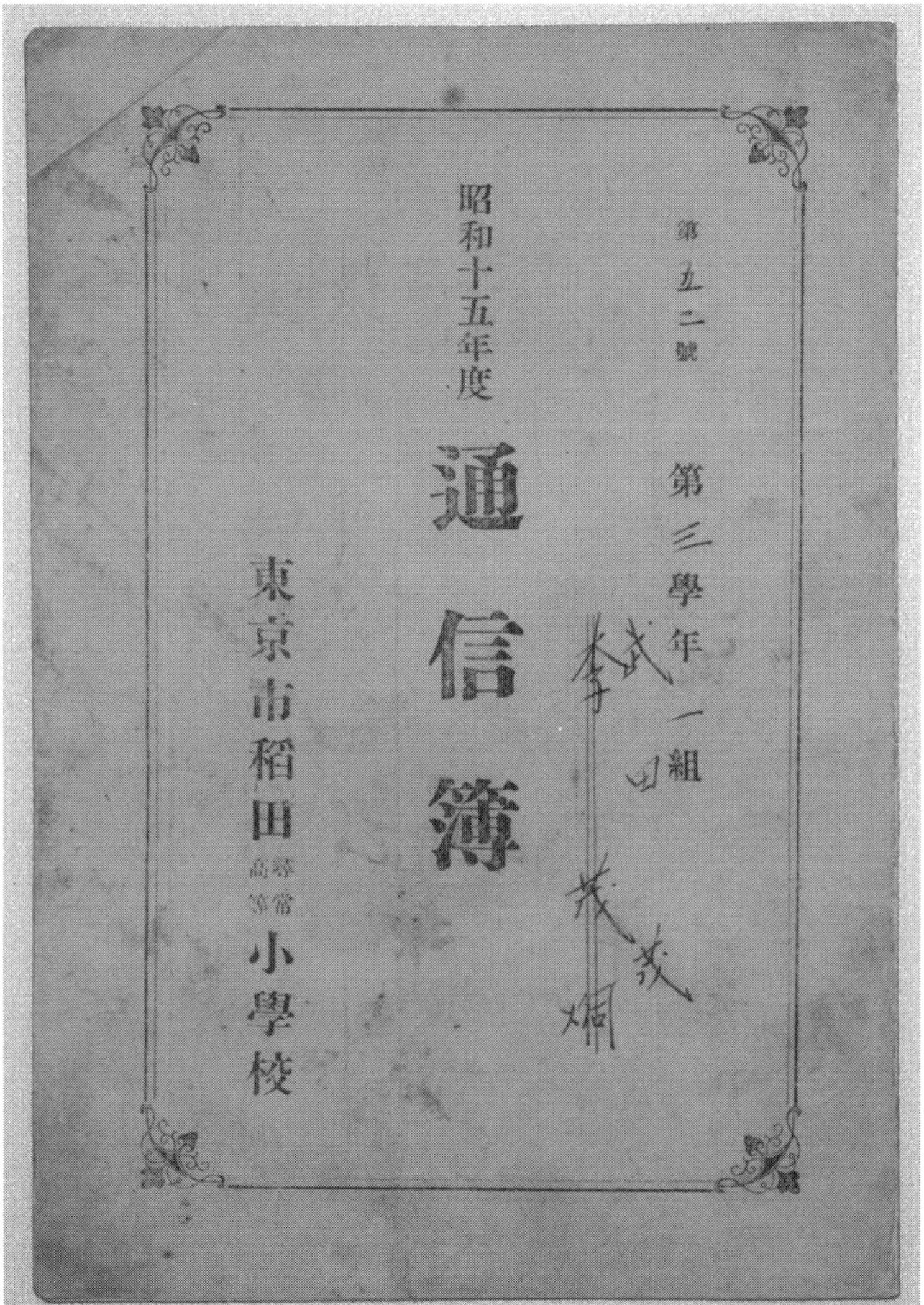

朝鮮名が消された通信簿（在日韓人歴史資料館所蔵、複製を展示）

速化する日本列島」においては、農村から都市への集団就職の様子が、列車や駅の写真や日本列島時間地図などを通じて示されています。これはいわゆる「金の卵」とよばれた若年労働力の継続的確保という経済的次元の問題だけではなく、社会や文化にも大きなインパクトを与えた出来事であったと思いますけれども、そういう高度成長時代の背景に人の絶えざる移動があるということです。また中テーマ「大衆文化から見た戦後日本のイメージ」の中には、流れゆく人びとの記録が含まれています。石炭から石油へのエネルギー革命の中で筑豊地方をはじめ九州各地の炭鉱とりわけ小ヤマとよばれる小さな炭鉱から追われ、さらにブラジルなどの南米へと移民していく坑夫たちの姿を追った記録作家・上野英信《ひでのぶ》の作品、あるいは移動する人びとをテーマとした映画やドキュメンタリー映像が見られるようになっています。

さらに、第6展示室に隣接した企画展示室では、「特集展示＝アメリカに渡った日本人と戦争の時代」をテーマとして、移民母村にあたる愛媛県のある漁村と行き先のアメリカを結びつける生活のにおいがただよう資料の展示や、日米交換船、強制収容についての展示も予定されています。そこには非アジア人との関係における戦争の姿が、多様な形で浮かび上がってくるでしょう。*

繰り返して恐縮ですが、戦争と植民地の間に人の移動、人の越境が入るということは、人びとの生活というものが、具体的に問題とされてくるということなのです。もちろん先ほど、吉田先生がきっちりとポイントを押さえられましたように、大文字の

＊特集展示については、本書「付録　歴博「現代」展示の見方・歩き方」の22項で紹介した。

歴史、国際関係や政治外交史といった問題、あるいは政策決定の問題を無視していいということではまったくありません。しかし、ある具体的に限定された条件の中で、人々がどのようなかたちで生を生きてきたのか、あるいは生きざるを得なかったのか、こういうこともまた視野に入れていくことが歴史を考えていく上で重要であろうと思います。

東アジアにおける人の移動状況

これまでお話ししてきたことを、一九三〇年という時点で輪切りに切り取って俯瞰《ふかん》したものが付図です（次頁参照）。この時点で、東アジアを中心にどれほどの人びとが大日本帝国の内外に移り住んでいたのかということを示した図です。これは特定の時期にしぼったものですから、その一〇年前あるいは一〇年後は、もちろん状況は異なっているわけで、この点は後に少し言及します。とはいえ、帝国と植民地の間に人の流れを入れることによって、帝国イメージを活性化するという作業はきわめて重要であると思います。そうした試みの先駆的な例のひとつとして、坂本悠一さんのお仕事に敬意を表したく思い、ここに転載させていただく次第です*。

同図によれば、一九三〇年時点では、帝国内の人の移動のもっとも太い動脈は、朝鮮半島と日本との間にあります。「内地」からみると、これに次ぐのが樺太・台湾・

*坂本悠一「福岡県における朝鮮人移民社会の成立——戦間期の北九州工業地帯を中心として——」『青丘学術論集』第一三集、一九九八年、一九二ページ。同「「日本帝国」における人の移動と朝鮮人」『朝鮮史研究会会報』第一五八号、二〇〇五年、も参照。

付図「大日本帝国」と東アジア諸地域の人流（1930年）

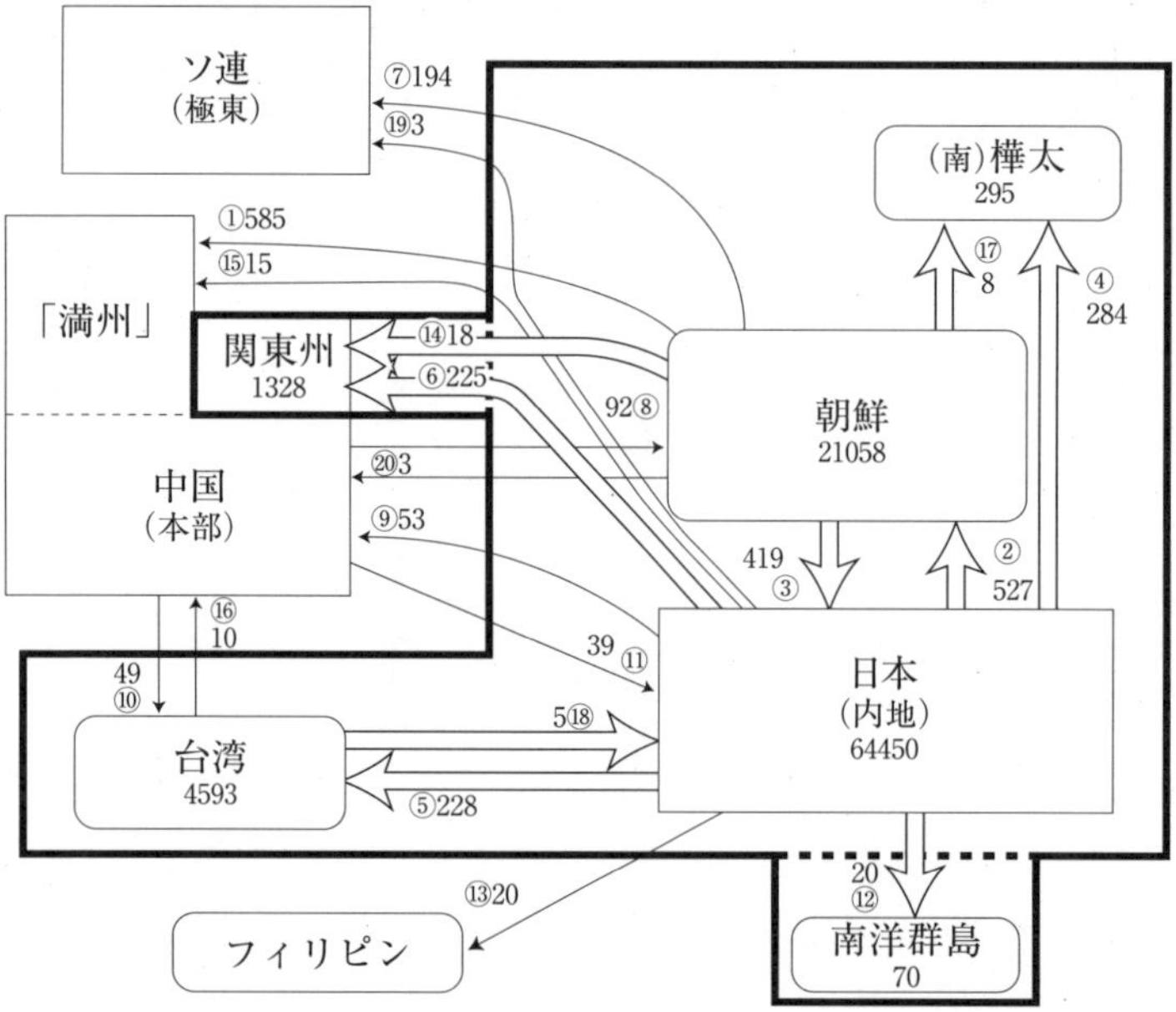

関東州への移動です。また朝鮮からみると、「満州」への移動者は日本「内地」への移動者よりも多いこと、またソ連への移動も相当数にのぼることがわかります。付図はさまざまな統計資料を収集整理したうえで作成されたことが特記されるべきだと思います。こうした作業を経ることによって、人の越境に伴うさまざまな問題を、相互に関連する問題として認識することも求められることになります。ひとつだけ例を出すならば、在「満州」朝鮮人の存在とその増加は、複

［注］矢印と数字は当該国・地域出身者（国籍・民籍別）の現住人口（2500人以上、現地出生者を含む）を示す。○数字（人数順）は出典番号、各地域内の数字は国勢調査による総人口（単位はいずれも1000人・四捨五入）。「関東州」には満鉄付属地を含む。ソ連在住朝鮮人はソ連国籍の者を含むと推定。

［出典］

①30年12月／外務省亜細亜局『支那在留邦人及外国人人口統計表（第23回）』1931年
②30年10月／『（昭和５年）朝鮮国勢調査報告』全鮮編・第１巻・結果表、1934年
③30年10月／内閣統計局『（昭和５年）国勢調査報告』第１巻、1935年
④30年10月／樺太庁『（昭和５年）国勢調査結果表』1934年
⑤30年10月／台湾総督府『（昭和５年）国勢調査結果表』全島編、1934年
⑥30年10月／『（昭和５年）関東庁国勢調査結果表』第１巻、1933年
⑦32年末？／朝鮮総督府警務局『最近に於ける朝鮮治安状況（昭和８年）』
⑧30年10月／『（昭和５年）朝鮮国勢調査報告』全鮮編・第１巻・結果表、1934年
⑨30年12月／外務省亜細亜局『支那在留邦人及外国人人口統計表（第23回）』1931年
⑩30年10月／台湾総督府『（昭和５年）国勢調査結果表』全島編、1934年
⑪30年10月／内閣統計局『（昭和５年）国勢調査報告』第１巻、1935年
⑫30年10月／南洋庁『（昭和５年）南洋群島島勢調査書』第３巻、1933年
⑬30年10月／『（第51回）日本帝国統計年鑑』1932年
⑭30年10月／『（昭和５年）関東庁国勢調査結果表』第１巻、1933年
⑮30年12月／外務省亜細亜局『支那在留邦人及外国人人口統計表（第23回）』1931年
⑯30年12月／外務省亜細亜局『支那在留邦人及外国人人口統計表（第23回）』1931年
⑰30年10月／樺太庁『（昭和５年）国勢調査結果表』1934年
⑱30年10月／内閣統計局『（昭和５年）国勢調査報告』第１巻、1935年
⑲30年10月／『（第51回）日本帝国統計年鑑』1932年
⑳30年12月／外務省亜細亜局『支那在留邦人及外国人人口統計表（第23回）』1931年

雑な問題を生起させていきました。一方で日本人移民との差異が厳然とありつつ、他方で朝鮮人は現地の人びとに対しては「帝国臣民」としての地位に立つからです。問題は、一般化することのできない、具体的な時と場所における抜き差しならない形で出てくることになります。社会的な権力関係をめぐる分析は、統計的手法も、また質的分析の手法も同時に要求していると思います。

こうした研究方向の最新の成果のひとつは、蘭信三編著『日本帝国をめぐる人

口移動の国際社会学』*でしょう。同書は、序に続いて、朝鮮、満洲、樺太、台湾、南洋の五部をあわせて全一九章からなり、八〇〇ページをはるかに超える大著です。文字通り、戦争・人の移動・植民地を考える上で研究史を総括し、今後の研究の発展に向けての有益な基礎文献となっています。

朝鮮人捕虜監視員という存在

以下では、ある個人の経験に即して、このコメントで提起したい点を改めて示したいと思います。チョウ・ムンサン（趙文相、日本名は平原守矩《もりつね》。以下、チョウ・ムンサンと記します）という人の手記を紹介するわけですが、なぜ朝鮮人の青年が軍属として、ビルマにあった捕虜収容所で仕事に従事することになったのか。まずその背景について、すこし説明します。

一九四二年（昭和一七）一一月から四三年（昭和一八）一〇月まで、タイ（泰）のカンチャナブリとビルマ（緬甸、ミャンマー）のタンビュザヤを結ぶ四一五キロに及ぶ鉄道建設のために、連合国軍捕虜約六万人と、それを上回る多数の労働者が現地およびアジア各地（タイ、ビルマ、マレーシア、インドネシア、ベトナムなど）から動員されました。後者の人びとは「ロームシャ」や「クーリー」とよばれていました。この泰《たい》緬《めん》鉄道建設は、ビルマ駐留の日本軍への補給という軍事的目的をもっていました。苛

*不二出版、二〇〇八年刊。

酷な労働、食料や医薬品の不足、コレラ・マラリア・赤痢《せきり》などの蔓延《まんえん》のため、連合国軍捕虜約一万二〇〇〇人、またアジア人労働者（実数は不明だが約三万三〇〇〇人ともいわれる）が死亡しました。突貫工事の連続は、無理に無理を重ねるものでしたが、そのしわよせは、組織の上から下へ、そして現場へと集中していきました。その工事現場で、「一人でも多くの人手を」という日本の鉄道隊側の要求と、心身ともに衰弱した捕虜側との間に位置したのが、捕虜監視員でした。そしてこの役目を担ったのが朝鮮人青年たちだったのです。先に示した図は、一九三〇年時点のものでした。しかし一九四二〜四三年になりますと、アジア内部において、より大規模かつ多角的な人の動き、しかも強制的な人間の移動がみられたことにとくに留意しておく必要があるでしょう。

一九四二年（昭和一七）に陸軍省は、朝鮮人、台湾人に連合国軍捕虜の監視を担当する特殊部隊を編成する計画を立てました。これを受けて朝鮮では、五月一五日に捕虜収容所の監視員の募集が開始され、一ヶ月後の六月一五日に、朝鮮各地から釜山に三〇〇〇人の青年が集合したのです。三〇〇〇人には三〇〇〇人の「志願」の動機があったでしょう。家族への脅迫、給与の魅力、雄飛の志、同時期に始まった徴兵逃*れ、等々。積極的であれ消極的であれ、志願という形をとった強制的なうねりの中に巻き込まれるようにして、青年たちは二ヶ月の訓練において、捕虜を人間的に待遇することを教えられないどころか、生きて虜囚《りょしゅう》の辱《はずかし》めを受けることなかれという思想

＊一九四三年三月、日本は朝鮮において徴兵令を公布した。

をたたきこまれた上で、東南アジア各地の捕虜収容所へ配属されていったのでした。

チョウ・ムンサンの手記から（一）――切迫する時間と煩悶する心情

話をチョウ・ムンサンに戻します。彼は朝鮮の開城（ケソン）の出身で、京城帝国大学の学生というインテリで英語ができたために、勤務地の泰緬鉄道の捕虜監視所では通訳の仕事をしました。当時を知る同僚によれば、彼は、その職務に熱心であっただけに、結果的には捕虜たちの憎悪を一身にあびることになったのです。* 戦争終結後、シンガポールで開催されたＢＣ級戦争犯罪裁判法廷において、捕虜虐待の罪で死刑判決を受け、同地のチャンギ刑務所で一九四七年（昭和二二）に処刑されました。彼は処刑の前夜から刑が執行される直前まで、苦悶の中で揺れ動く心境を綴った文章を書き残しました。それはタバコの紙に記され、ひそかに持ち出されて、巣鴨遺書編纂会が一九五三年に刊行した『世紀の遺書』（復刻・講談社、一九八四年）という大著の中に収められています。その結果として、私たちは今この貴重な肉声を読むことができます。

この記録は、全体としては三部から成っており、まず日本人の上官それぞれに宛てた短い遺書が二通あります。その次に壁書というのがあって「よき哉　人生／吾事了れり」と記されています。その後に長い手記が続くという形になっています。ただ

*映像「チョウ・ムンサンの遺書」ＮＨＫスペシャル・シリーズ「アジアと太平洋戦争　四」一九九一年八月一五日放送。

しはじめからこのような順番で書かれたものかどうかはわかりません。

　この記録の中で、いくつか気になることがあります。第一は時間の流れです。死刑執行は翌朝の午前九時半です。その前夜に一〇人ほどでささやかながら最後の晩餐《ばんさん》会が開かれます。手記にはその模様が、「ミルクを注いで「一緒にいきませう」と乾杯、田中和尚さんに先づ箸《はし》をつけてもらって一同最後の御馳走にとつつく。」と記されています。お酒が飲めません。ですからミルクで別れの杯を干すというかたちです。教誨師《きょうかいし》の田中和尚さん*が箸をつけて晩餐会が始まります。食事が少し進んだところで、「今何時か」「五時半ですよ」「あと一時間半か」という会話が交わされます。つまり午後七時までが食事の時間なのですね。そして「ほとんど七時になつた時、白人のsergeant達がやって来た。」となるわけです。食事後、各自がいまの気持ちを出し合います。「このとき鐘の音一つゴーン、小見「また三十分減った！」平原「いよいよ近づくねえ」」

　鐘の音が聞こえるごとに死刑執行まで三〇分減っていくという緊迫した気持ちが表されています。チョウ・ムンサンは、戻ることがないこの時間の流れの中で「絞首台に上るまでの気持を書き残さねば、……最後のものだもの。」と自らに課題を与えているのです。そして「今さき二時が鳴った、七時間経てば永遠の休息にはいるのだ。早く朝になったら、といふ気持とまた時鐘の間を早いなあと思ふ心が乱れ合ってゐる。」と煩悶する思いを綴っています。さらに「六時が過ぎた」ことを記したうえで、

*田中日淳師は、帰国後、東京の日蓮宗池上本門寺において、BC級戦犯として処刑された人びとの遺骨を保管され、またチャンギ刑務所で処刑された一四六人の名前を記した慰霊碑も建立されている。そこには一四名の朝鮮人の名前も刻まれており、チョウ・ムンサンの遺骨は現在もなお同寺が預かっている。『東京新聞』二〇〇六年五月二四日夕刊、を参照。

いちばん最後の時間の記述になります。「九時の号鐘。のびやかにゆったりと鐘が鳴る。（中略）来た。いよいよらしい。これでこの記を閉づ。この世よ幸あれ。」

常に時間を気にし、時間と闘っていたことがうかがわれます。自らにどうしようもなく切迫してくる時間が、この手記のあちこちに刻み込まれています。ここに綴られた煩悶《はんもん》する心境の吐露《とろ》は、私たちの心を打たずにはいません。この点を第二にみてみましょう。手記の冒頭で、チョウ・ムンサンはこういいます――「すべて神の意のままにわれわれは死んでいく。死んでからのあの世があるやらないやら、しかし生きている間はいつまでもこの世のものだ。だからいくら考えたつてあの世のことは知るはずはない。明日の九時三〇分になればわかるだろう。」クリスチャンの家庭に育った彼にして、心の揺れがにじみ出ているような気がします。時間とともに、彼の振幅は大きくなります。「「もうこんな世に生きても仕様がない」、「こんな世に未練はない」等々、本当の気持ではなかった。矢張りこの世がなつかしい。（中略）たとへ霊魂でもこの世の何処かに漂ひ度い。それが出来なければ誰かの思ひ出の中にでも残りたい。」日本軍の上官に宛てた短い遺書の中では「満ち足りた気持ちで行きます。」と記したチョウ・ムンサンは、この手記において、苦しい煩悶を記しています。時間の流れと心の葛藤が、この手記の中にあふれ出ているように思えてなりません。チョウ・ムンサンと同じ立場で捕虜監視員をつとめ、シンガポール法廷でひとたびは死刑判決を宣告されながら、その後懲役二〇年に軽減され、チャンギ刑務所からのちに東京のスガモ・プリズンで刑期を終えて仮釈放された李鶴来《イ・ハンネ》さんは、処刑に直面していた当時、どうにも答えのなかった苦悶のありかを「いったい誰のために、何のために死ななければならないのか」と語っておられます。*

チョウ・ムンサンの手記から（二）——合唱される歌

三番目に注目すべきことは、この手記にはさまざまな音が記されている点です。時を知らせる鐘の音は、彼らにとってもっとも敏感な音だったでしょう。チョウ・ムンサンは、そのほかにも、「獄外の車輪がアスファルトをすべる音」「犬の吠え声、遠雷」「蛙の声」「観音経」などについて、耳を研ぎ澄ませるようにして手記に書き付けています。

それらの音と並んでここでみておきたいのは、最後の夜に歌う歌です。別掲の手記を参考にしてください。晩餐会ですから、思い思いの歌が披露されます。端唄、大津絵、都々逸、青柳といった伝統的な歌。会津磐梯山、新磯節、佐渡おけさ、といったお国自慢のふるさとの歌。その中には、トラジの花よ、アリラン、愛国歌といったお得意の歌も次々に出てきています。この中でチョウ・ムンサンは「四畳半の流行歌はどうです」と前置きして、やや照れながら幌馬車を披露しています。**

*映像「チョウ・ムンサンの遺書」。

**チョウ・ムンサンが歌った「幌馬車」とはど

資料

趙文相手記（「あと二分」より）

趙文相……朝鮮。開城府出身。陸軍軍属。昭和二二年二月二十五日「シンガポール・チャンギー」に於て死刑。（日本名「平原守矩」）

＊＊

「今何時か」

「五時半ですよ」

「あと一時間半か」

「いや充分ですよ。いつまでも同じですよ」

「じゃ一つ四畳半と行きましょう」と信沢さんの端唄、峰さんの大津絵、小見さんの都々逸、馬杉参謀の青柳など「四畳半の流行歌はどうです」と平原の幌馬車、「喋る方が得手なんが」といいわけみたいなことをいふ。


じゃ一つにぎやかなところと、星さんの会津磐梯山、峰さんの新磯節、小見さんの佐渡おけさ、武本君（金沢振）の「トラジの花よ」等々、おだやかな中

のような歌だったのだろうか。可能性として推定できるのは、一九三二年（昭和七）に和田泰子が歌い、またそのリメイクとして一九三五年（昭和一〇）にミス・コロンビアが歌った「幌馬車の歌」、あるいは一九三四年（昭和九）に松平晃が歌った「急げ幌馬車」（いずれもコロンビアレコード）かと思われるが、現時点で確定することはできなかった。

に興は進む。

いきなりDブロックの方から「元気で行けよ」の声が聞えた。「金康か、お前の裁判はどうだ、俺は元気で行くから」と、長らくの間友にビスケットを送つていた武本君は、あるかなきかの溜息をもらしつつ席に帰る。

＊　＊

コリヤン四名が愛国歌を歌つてから暫くの間追憶談、お得意の歌等と時は容赦なく流れる。

「オイ何時だ」

「エー、十五分前です」と田中さんが懐中時計をのぞく。

平原「あの、もうだいたい時間も何ですから一つ皆で合唱をどうですか」

「うん何がいいかね」

馬杉中佐「どうです、暁に祈るは」

「それがいい」「それがいい」——つづいて日の丸行進曲。

ほとんど七時になつた時、白人の sergeant 達がやつて来た。

「じや海行かばと国歌を奉唱致しませう」と、皆は端座瞑目して激しき感動をかみしめつつ海行かばを唱ふ。

ともすればにじみ出そうなものは決して悲しみではない。悔恨でもない。あの大嵐に命をさらして来たもののみの知るあの感激だ。「あの世ではまさか朝鮮人とか、日本人とかいふ区別はないでしようね」と金子の永嘆声。浮世のはかなき時間に何故相反し、相憎まねばならないのだろう。日本人も朝鮮人もないものだ。皆東洋人じやないか。いや西洋人だつて同じだ。ああ明日は朗らかに行こう。

監房の中から、残る人達の螢の光が聞えてくる。

それらの歌や追憶談が続いた後、チョウ・ムンサンは提案します――「あの、もうだいたい時間も何ですから一つ皆で合唱をどうですか」。こうして皆で合唱が始まります。その歌とは、「暁に祈る」「日の丸行進曲」「海行かば」「国歌」の四曲です。これらの楽曲は、新聞や映画、ラジオなどのメディアを通じて、また村や家で、広く多くの人びとに口ずさまれたものであり、誰もが知っていると言ってもよい歌ばかりです。すなわち日本人と朝鮮人がともに歌うことができた最後の歌は、軍歌あるいは君が代であったということになります。

この中で最初に合唱する「暁に祈る」という歌は、当時大ヒットした映画の主題歌で、伊藤久男というスターの曲でした。その歌詞は「ああ　あの山も　この川も　赤い忠義の　血がにじむ　故国《くに》まで届け　暁にあげる興亜の　この凱歌」*という言葉で結ばれています。歌全体のトーンは、血を捧げた天皇に対する真心、忠義の表明と、その結果としての興亜、つまりアジアを興隆させるというところにあるといえるで

＊JASRAC出1002423-001

しょう。

これらの歌を合唱する中で、金子さんという人が、「あの世ではまさか朝鮮人とか、日本人とかいふ区別はないでしようね」と詠嘆声でつぶやいています。それを書き付けたチョウ・ムンサンは、「浮世のはかなき時間に何故相反し、相憎まねばならないのだろう。日本人も朝鮮人もないものだ。皆東洋人じゃないか。いや西洋人だつて同じだ」と、金子さんの思いに気持ちをかぶせるように言葉を重ねています。この「暁に祈る」もそうですが、いくつかの軍歌をともに歌いながら、それを処刑前夜に歌ったそれぞれの人びとの気持ちが一様であったと考えると表面的な見方に終わるかもしれません。金子さんやチョウ・ムンサンの気持ちは、おそらく当時帝国日本が総力戦体制の中で求めていた方向、巷での熱狂的な口ずさみのありようとは必ずしも同じではない。重なりながらもずれていたでしょう。その重なりとずれにこそ、しっかりと目を凝らすべき問題点があるのではないかと私は考えています。

おわりに

最後にごく簡単にまとめに入りたいと思います。私はこのコメントの冒頭で、戦争と植民地の間に人の移動をおいて考えてみたいと述べました。それはとりもなおさず、全体状況を無視するのではなく、その構造を見据えた上で、個別の経験の意味を深く静かに見ていこうということにつながっていきます。

たとえば、チョウ・ムンサンは日本列島に住んだわけではまったくありません。また旅行で来た経験があるわけでもありません。にもかかわらず、彼の人生を根本的に規定したのは、日本そのものであったというしかありません。つまり領土として画然としている、はっきりとしている日本ではなく、時代的背景をもった、いわば文脈ともいうべき日本が問題となってくるわけです。コンテクストとしての日本に規定されて、戦争と植民地の間を移動し、越境せざるを得ない民をどういう存在としてみればいいのか、そして今みようとするのか。個別の人びとの経験を考えるということは、コンテクストとしての日本を問うことであり、同時代のアジア、世界の中での位置を考えることにつながってきます。歴史に対する見方、想像力を持った観点こそが大切だと改めて思います。

二〇一〇年からオープンする歴博の第6展示室は、今ご紹介したような視点がいろいろなかたちで、ちりばめられていようかと思います。皆様方の幅広いご関心をいただければと願いつつ、私のコメントを終わらせていただきます。

〔参考文献〕

・蘭信三編著『日本帝国をめぐる人口移動の国際社会学』不二出版、二〇〇八年。
・内海愛子、G・マコーマック、H・ネルソン共編『泰緬鉄道と日本の戦争責任』明石書店、一九九四年。

・内海愛子『キムはなぜ裁かれたのか――朝鮮人ＢＣ級戦犯の軌跡』朝日新聞出版、二〇〇八年。

・倉沢愛子他編『岩波講座　アジア・太平洋戦争』全八巻、岩波書店、二〇〇五―〇六年。

・坂本悠一「福岡県における朝鮮人移民社会の成立――戦間期の北九州工業地帯を中心として――」『青丘学術論集』第一三集、一九九八年。

・杉原達『中国人強制連行』岩波書店、二〇〇二年。

・映像「チョウ・ムンサンの遺書」一九九一年八月一五日放送（ＮＨＫスペシャル・シリーズ「アジアと太平洋戦争　四」）

・映像「朝鮮人戦犯の悲劇」二〇〇八年八月一七日放送（ＮＨＫ・ＥＴＶ特集「シリーズＢＣ級戦犯　一」）

パネルディスカッション

パネラー　吉田　裕
加藤陽子
原田敬一
原山浩介

司　会　安田常雄

安田　それではこれから、基調報告とコメントを受けて、パネルディスカッションを始めたいと思います。最初にちょっとお断りをしておきたいのですが、今回のパネルではコメンテーターの杉原先生が所用がございまして参加できなくなりました。またもう御一方、原山浩介さんに登壇していただいています。第6展示室の「戦争と平和」の最後のコーナーでは、原爆と沖縄戦の若干の展示も構想しており、原山さんが担当ということになっておりますので、ご参加いただきました。まずこの点をご了解いただければと思っています。

今日のお話しは加藤さんの基調講演からコメントまで、基本的に現在学会における戦争史の研究が、どういう問題意識、あるいはどういう視点に基づいて研究をしようとしているのか。戦争史研究もかなり長い年月、実証研究が深まるとともに、視点も変化してきている。今日のお話でその現段階の特徴の一端がご理解いただけたのではないかと思います。このパネルディスカッションでは、それぞれのご報告は短い時間でしたので、はしょってお話しになったこともあると思いますので、それを補足していただきながら、さらに論点を深めていくという形で進めていければと考えています。もうひとつは、来年三月にオープンする歴博の現代展示の特徴、最初に加藤さんからほかの館での展示をご紹介いただきましたが、それと対比して歴博の現代展示がもっている特徴について議論ができればと考えております。

まず、私のほうから、討論の呼び水として、今日のお話のなかで感じたいくつか印象的な点からお話ししたいと思います。

まず一つは、戦後六十数年たって、世代交代が急速に進展しているという事実だと思います。実際に戦争経験のある方は本当に少なくなってきました。逆にいえば、戦争体験の継承が今後どのようなかたちで行われていくのかという古くて新しい問題にどのように向き合うかが改めて問われている。また世代交代とも関連して、さまざまな歴史の見方が錯綜している状況があるわけです。そういう流動的な状況のなかで、戦争、ないし戦争史が一人ひとりにとってどのような意味があるかが問い直されている状況だと思います。

歴博は大学共同利用機関法人という名前になっているのですが、大学共同利用機関というのは、さまざまな大学ないしは学会の研究の成果を、相互に緊密な連携の上で、学問的業績に立脚したかたちで共同研究を行い、その研究成果の上に立って展示として公開するというシステムになっています。こ

この数年、歴博の理念ないし立脚点は「博物館型研究統合」という言葉で表現されてきています。これは一言で申し上げれば、資料と研究と展示の三つの有機的な組み合わせを意味しています。まず資料（資源）の組織的収集・蓄積があり、これを基礎に大学など学外の研究者も含めた共同研究を実施する。そしてその研究成果は共同研究やその成果に基づく各種の展示として実現していく。さらに展示として再構成し、公開することを通して、新しい研究課題が発見され、再び新たな資料（資源）の収集・蓄積というサイクルが始まることになります。こうした循環型の運動のなかで、社会の動向や学会の研究状況が刻一刻、歴博の研究活動や展示構想に反映されていく仕組みが想定されているわけです。その意味で、先ほど申し上げた世代交代や戦争を見る視点の流動性という状況も、刻一刻、それに対してどのように向き合うかが検証されていかなければならないということになります。

その上で、今日のお話の中で私が印象的だった一つは、加藤さんと原田さんから指摘されたことですが、経済史の持っている意味です。ご存じの方も多いとは思いますが、数年前に岩波書店が『岩波講座アジア・太平洋戦争』という全8巻の本を作りました。これは現在の研究状況・研究水準を反映し、その基礎の上で「アジア・太平洋戦争」を総括した立派な本です。でもそれはその通りなのですが、経済史が弱いという印象があるのですね。これにはいくつもの理由があると思うのです。たとえば一昔前ですと、戦争と経済との関連は戦争史研究の重要な視点の一つであって、もちろん一方では経済一元論的な乱暴な説明もずいぶんあったのですが、経済史が戦争史研究と密接に連動していたわけです。しかしその後、特に一九九〇年代以降でしょうか、戦争史研究全体が、たとえばイデオロギーの問題とか、表象の問題、文化の問題というようなかたちで進み、それ自体はもう一つの戦争史の新しい展開であったわけですが、経済的な視点がかなり希薄になっているという印象があります。これは端的には、原田さんが今回の歴博現代展示には日清・日露戦後がないと指摘されたこととも関わっています。これは、今日お出でいただいた皆さんも、八幡製鉄所は、日清戦争の賠償金三億六〇〇〇万円をベースに作られたといったことは、中学生くらいには教えられているわけです。また日露戦後でいえば地方改良運動が展開され、日本全国の町や村にも大日本帝国の理念が上から浸透していくわけです。また加藤さんが触れられた戦時体制下における経済の問題でいえば、植民地、占領地も含めた北支那開発、中支那振興という会社をベースに展開していく「開発経済の論理」と戦争との関係といった問題もあるわけですね。つまり戦争全体の構造の問題ということになります。今回の歴博現代展示では、このあたりの問題にほとんど触れることが出来ていません。どのように展示するかは大変難しい問題ですが、やはり基礎的構造としてそういう問題領域があることを私たちは忘れるわけにはいかないだろうと思います。

二つ目の印象的だった点は、方法にかかわるのですが、吉田さんのコメントは全体をきちんと見渡し、問題をクリアーに提起していただきました。特に最近の研究史の流れでは、民衆史と社会史という領域でかなり進展をしてきた。しかしその上でそれも重要だけれども、政治史、外交史も必要だと問題提起されました。これはある意味で大変難しい問題ですが、では政治史や外交史も含めて、新しい民衆史、社会史を展開するとすればどういったことが考えられるのだろうかということ、もし出来ましたらもう一歩踏み込んで伺えればと思っている点です。それは別の言い方をすると、最後に杉原さんが『世紀の遺書』の事例を挙げていただいてお話しになったこととも関わりがあると思います。つまり歴博の戦争展示は、基本的視点が生活史だということになっておりまして、そのラインでやってきている。それはそれでもちろん間違っているわけではありません。しかしでは生活史って何だと一歩踏み込んで考えてみると、問題は単純ではない。もちろん生活史は単なる衣食住ではありません。おそらくそれを担っている一人ひとりの人間の生きてきたかたち、杉原さんはそれを経験だとおっしゃいましたが、一人ひとりの経験の問題とある意味では密接につながっていくような生活史をどのように構想していったらいいのだろうかというような点から話をはじめたらどうかなと思います。つまり歴博現代展示が生活史を基礎に戦争を描くといったとき、何が実現できて、何が実現できなかったかという問題になるはずです。

今申し上げた二つの点について、三人の先生方から若干補足などがあればお願いをしたいと思います。

加藤　逆に質問してもよろしいでしょうか。

先ほど休憩の間、基調講演をする自分という立場を離れて考えてみました。普通こういうところにおいでになる時は、新しい展示室の目玉は何だろうかと期待しつつおいでになると思います。たとえば、古代とか中世はわかりやすいと思うのです。長屋王木簡が出たというのは少し前の話ですが、その後さまざまなところから木簡が出土するわけです。最初だったら長屋王はどういうアワビを食べていて、それが何個出土したなどという、非常に生活に密着したところから話が始まります。その後、出土した木簡からは、地方の国司や郡司がどういう仕事をやっていたのかがわかるとか、時代が離れているだけにモノから衝撃的なことがわかるのですね。また、漆紙文書《うるしがみもんじょ》というのは、武具に使う漆に近いところにあったような紙が壺の裏についていて、それが残っています。それが東北地方に多く残るのは、大和政権の平定

ということに鑑みて、軍事的な緊張がすごく高まっているだろうということがわかります。漆がついていたことでたまたま紙が残るということで、前近代というものが衝撃をもって迫ってくるわけです。たとえば、先ほどの原田先生などは、盃の裏に注目された訳ですね。二男、三男というものが徴集され除隊する時に、自分の名字を記念に配る盃の裏に残す。こんなに自分はがんばったのだ、たとえば上等兵で除隊したというように。この例のような場合にモノ自体がすごく迫力を持つという原田先生のいいコメントがありましたけれども、では歴博で、第6室の目玉にあたる展示物はなんだといった時に、何だとお答えになりますか。

安田　今回の「戦争と平和」というのは、全体で大きな2部屋あるうちの最初の部屋です。時期としては満州事変から敗戦までということになります。展示の目玉という場合、たとえば、これは特別企画「佐倉連隊にみる戦争の時代」からの継承ですが、陸軍内務班の大きな模型があります。かなり大きく印象的で、眼を引くものだと思います。

このコーナーの基本的なねらいが「兵士の誕生」ということになっていますので、この大型の造作・模型は主題を象徴するものともいえるのではないでしょうか。

それ以外にも戦争の時代における固有の性格を示すものとして、かなり細かい資料がたくさんおかれることになります。現代史においては、前近代とちがって有名な文化財とか美術品とかはほとんどなく、日常生活のこまごまとした資料が生活史を構成していくことになります。ただそれにもかかわらず、限られたスペースですので、ある出来事を象徴するモノ資料を配置しようと考えております。そういう意味では見に来ていただいた来館者の方が、そのモノがどういう意味でここにおかれているのかということを考えていただければありがたいと思っているところです。象徴的な目玉的な展示物ということで、もう一つだけ例をあげれば、戦時中にまかれた伝単（ビラ）は、今回の「戦争と平和」展示の特徴になるのではないかと考えています*。戦争のそれぞれの時期に敵味方双方からまかれた伝単（ビラ）は、一言でいえば戦争プロパガンダの情報戦を象徴する資料で、その一枚の伝単（ビラ）が誰によって作成され、どのようなプロセスをへて散布され、誰がどのような状況のなかで拾い、どのように受け止めたのかなど、またそういうプロセス自体が戦争プロパガンダのどのような特徴を表象しているのかなど、日本ではまだほとんどきちんとした研究はありませんが、たくさんの興味深い問題の所在を提起しているはずです。つまり、原田さんの言われた盃でも、一つのモノ資料の裏側に広がっている意味の世界があるわけですね。小さな資料で

＊伝単については本書「付録　歴博「現代」展示の見方・歩き方」17、22項でも紹介した。

あるけれども、それを通して一つの時代の性格やその時代がどういう方向に行こうとしているかなどを考えることによって、時代の認識につながっていくことになるのではないかという感想を持っています。

吉田　世代交代の進展というのはかなり深刻な問題で、本当に急速に進行していると思います。軍恩連という軍事恩給関連の圧力団体がありますけれども、これは県レベルで会員数がわかるところがあるのですが、それを見てみますと、最近は女性会員のほうが多くなっています。軍恩連というと旧軍人の団体というイメージが強いのですが、ご本人が亡くなって、未亡人が夫にかわって受給するということになっていますので、女性会員が多くなる。こうした形で、従来、私たちが考えていなかった事態が急速に進展しています。その中で戦争体験世代の記憶や体験をきちんと記録していくということに重要な意味があって、加藤さんのご講演の中にもありましたが、ＮＨＫはデジタルアーカイブというのを、兵士たちの証言を中心にしてインターネット上に作ろうとしています。私もかかわっていますが、彼らの戦争体験をどうやってすくい上げていくかということを考えています。

戦後の問題でいいますと、その成り立ちの経緯からして、昭和館、しょうけい館、平和祈念展示資料館というのは、むしろ戦後に重点があります。昭和館は戦没者の遺児の労苦に報いるというところから出発しています。しょうけい館は、傷痍軍人であった人々の戦後の労苦を重点にしています。平和祈念展示資料館というのは、恩給欠格者、シベリア抑留者など、日本の戦後補償の中ではこぼれ落ちてしまう人々の労苦に報いるという趣旨があります。先ほどの原田さんの戦後経営論がないのではないかという日清・日露戦争のところでのご批判は、確かになるほどなと受け止めましたが、戦後史の中で戦争体験世代、兵士であった人たちが、どのように生きてきたのかということを、歴史の中に位置づけていくという、かなり難しい問題が、やはりあるように思います。戦中と戦後を断ち切らないようなようなかたちで、たとえば戦後史の中の元兵士ということになりますが、そういう問題を考えて行くべきだと思います。

岩波の『岩波講座　アジア・太平洋戦争』については、私も編集委員の一人ですが、ご批判はまさにその通りだと思います。一九九〇年代に出た岩波の『日本通史』にも、経済史の論文がほとんどありません。それの持っている意味をどう考えたらいいのかということ、戦争史研究が社会史、民衆史、文化史にシフトしているわけですけれども、やはり政治・外交の問題、経済の問題などをどう考えていったらいいのかということがまだ私の中でも整理がつきません。特に経済史の欠落という問題は、掘り下げて考えてみる必要

性があると思います。

安田　今、吉田さんから出された問題で、館側から若干お答えをします。戦後の中の戦争をどうすればいいのかというお話しだったと思います。具体的には、次回一〇月の「占領」のフォーラム、一二月の「大衆文化」のフォーラムで、戦後の中に生き続けている戦争の問題というのを、ある程度自覚的にやりたいと考えています。* 占領期については原山さんからコメントがあればと思います。

二部屋目の後半部分は、「大衆文化を通してみる戦後日本のイメージ」と題されていて、敗戦から一九七〇年代までを対象にして、あらためて「戦後日本」はいったい何だったのかということを考えたいというのが基本コンセプトになっています。その中の一つに「忘却としての戦後」というコーナーを設定しました。それは「戦後日本」とは何かを忘れてきた時代だったのではないかという問題、その核心は戦争、原爆、植民地ですね。そこでは一方で、忘れていく力が働くとともに、忘れてはいけないという力も働いている。そのせめぎあいですね。まさにそういう意味で、戦争そのものが戦後の中に影を落としていくということになりますので、そういう問題に少し敏感に考えていきたいと考えているわけです。

＊第七一回歴博フォーラム「占領下の民衆生活」（二〇〇九年一〇月一七日）。第七三回歴博フォーラム「戦後日本の大衆文化」（二〇〇九年一二月一九日）。

原山　歴博の原山と申します。戦争展示の終わりの所に、沖縄戦と、そして広島・長崎への原爆投下のコーナーがあります。展示室に即していえば、戦争の締めくくりとして、二〇世紀になって戦争の手段と化した「大量殺戮《さつりく》」を、沖縄戦と原爆投下という二つのテーマから考え、そして戦後の展示へと向かっていくという作りになります。沖縄戦と原爆は、それ自体として非常に重要で、また重いテーマであるのですが、同時に、戦後の社会意識を大きく規定したものでもあり、その意味では、そこに戦後が、もっといえば今の我々が含まれているとも言えるだろうと思います。今回に続いて実施される、占領期に関するフォーラム、ならびに大衆文化のフォーラムにおいても、この「戦後のなかの戦争」はひとつの焦点となるだろうと考えております。

安田　若干わき道に行きましたが、本筋に戻しまして最初の問題について、原田さんのほうから経済史の問題とも絡んでお話しいただけますか。

原田　その前に一言。杉原さんが坂本悠一さんの論文から取られた図は非常におもしろいものです。これは一九三〇年ですが、この問題が、安田さんや吉田さんがおっしゃったように、日本の戦後にどうかかわってくるのかという問題はあるわけです。李恢成《イ・ホエソン》の小説によれば、彼の一家は樺太で働いていたようで、彼らが朝鮮へ帰ろうとしていた時に大村収容所に入れられます。そこで彼らは悩んで日本に残る決断をします。日本に残り、在日朝鮮人の生活を選ぶというのがあります。まっすぐ帰れないという問題です。樺太から船でまっすぐ朝鮮半島へ帰るのではなく、日本列島を縦断して、その過程で東京に残ったり、大阪に残ったりして、朝鮮へ帰る人もいるし、日本に残る人もいるというように、朝鮮の人の場合は、さまざまなかたちがあるということを戦後史を語る時には考えなければいけないと思います。

加藤さんがおっしゃった「売り（展示の目玉）」というところですが、おそらくこれまで「日常の軍隊」というテーマで展示をすることは今までなかったと思います。そういう点では歴博は佐倉連隊の展示を実現したことによって、一つ学習をして、それが今回の新しい展示に必要だと考えたわけです。町の復元というのは、非常におもしろいものです。伊勢神宮のことを近世の人たちが語る時には、天照皇太神のことだけではなく、男の青年達がなぜ宇治山田に行くのかという問題を上げますけれども、そういう問題も含めて、女性の問題も含めて軍隊展示というのはあるのだろうと思います。そういう意味で社会史的に軍隊を捉え直すというのは、多くの視点が考えられ、実績もあるし、展示することもできるだろうと思います。

経済史ですが、この中には昔、経済史や歴史を勉強したという方がいろいろな関心から来られているように思いますが、石井寛治先生が東大の経済学部長を終わられた直後に、『日本の産業革命』という本を朝日選書で書かれて、刊行されたのは一九九七年です。産業革命についてはさまざまな経済史の方が書かれたけれども、その反省を戦争と絡めてもう一度考え直すということはやっていなかったということを「あとがき」の中に書かれています。副題は「日清、日露戦争から考える」です。そこでは武器市場としてのアジアの問題も出てきますし、アジア間貿易の問題も少しは出てきます。日清戦争で、弾薬や食料などを運び、兵站《へいたん》の主力を担った軍夫《ぐんぷ》の問題も出てきます。社会史的なことを入れながら経済史をもう一度考えるというように工夫されています。研究というのが多様になっている中で、ある人気分野にはまってしまい、ハっと気がついたらその分野にあまり人が携わっていないということがあります。経済史も含めて総合的に考えていくということは可能になっているのではないかと思います。

モノについてですが、「日常の軍隊」を展示するのは新しいだろうと申しあげたのは、たとえば内務班の復元というのは、仙台市の民俗資料館もやっていますし、明治村でも歩兵第六聯隊の兵舎が展示されています。ああいうものを見て、たとえば甲種合格というのは五尺三寸（一五九㎝）だったのが、もう少し低くなっても合格ということになって、要するに体格がガッチリできている青年を選ぶことになります。それを、兵士のベットを見ていてもわかることはあります。内務班の復元というのは、意味はあるでしょうけれども、どういうものをここに展示するということができるかというのは、博物館であるだけにもう少し研究しなければいけないというところがあると思います。埼玉大学の一ノ瀬俊也さんがいろいろなモノを集めて研究して最先端を走っているというのはいいのですが、多くの人たちが多様なモノを集めてやらなくてはいけないと思います。兵隊盃も研究者が少ないですし、たとえば認識票の変遷というのも考える材料でしょう。徴兵検査についてもどのようにやっているのかということについても展示できるようなものはあると思います。

安田　今、出かかった研究領域の精査の問題とも絡んでいると思いますが、第一室の最後のコーナーでは、沖縄戦と原爆についてまったく触れないわけにはいかないので、その問題を若干考えようと構想しています。沖縄研究は、ここ一五年ぐらいでしょうか、とても人気がある研究領域で、多くの若い研究者が集中する領域になっています。そういう意味では戦争の経済史は、なかなか人がいなくなっているのかもしれませんけれども。歴博の現代展示もそういう現在の研究状況の偏在に規定されているわけです。沖縄戦と原爆については、割合と後から始めたものですから、まだ現在の段階で十分に詰まっているとは、申し上げられない状況ですが、現段階で沖縄戦と原爆について概略を原山さんから報告していただいて、三人の先生方から何かお気づきの点があればコメントをいただければありがたいと思っています。

原山　先ほども少しお話ししましたけれども、沖縄、広島、長崎はそれぞれ固有の出来事として把握できるわけですけれども、それとは別の次元で、「二〇世紀の大量殺戮」という枠組みのなかで押さえておかなければいけないと思います。もちろん、沖縄戦と原爆投下そのものを軽視するつもりはないのですが、しかし大量殺戮ということが起こったのは、何もそれは沖縄や広島、長崎だけではなく、たとえば重慶での爆撃というかたちで、それ以前にもあったわけですし、もっと遡ればゲルニカということもあったわけです。つまり、そういった世界史的な文脈のなかに沖縄・原爆を置いてみるという発想が必要だろうと思います。

その上で、歴博で沖縄戦と原爆を展示するということは、沖縄、広島、長崎でそれらを展示するということと決定的に異なっているということを踏まえておく必要があるといえます。つまりそれは、これらの出来事をめぐって

現場性が高くない、つまり今日も続く被害者の苦しみや、それに根ざした平和運動を目の当たりにすることが少ない、千葉県の佐倉という場所で展示をする、ということで、これは佐倉連隊という、地域に根ざした歴史を起点としながら戦争を展示するコーナーとは、逆の構造を持つことになります。先日、広島と長崎の博物館に、展示のご相談かたがたお伺いしました。そのなかでも話題になったのですが、やはり基本的な展示の作り方は、歴博では少し違った形にせざるを得ないだろうと思います。

具体的にいえば、私は原爆をめぐって、「原爆を落とした側の論理」と、「原爆による被害」を、対照できる形で示していく必要があると考えています。これらの要素は、もちろん、広島や長崎の博物館でもカバーされているのですが、問題設定の仕方としてこのふたつの対照を意識的にクローズアップする必要があるだろうと思います。限られたスペースのなかでこの両方を視野に入れることになるので、印象としては、原爆が開発され、落とされるまでの展示が相対的に大きく見えるかもしれません。これは、原爆というものを、それを取り巻く政治を含めて、より立体的な歴史として見ていくために必要なことなのだろうと思います。いささか極端で乱暴な言い方をすれば、私たちの思考のなかにもともすると、遠いところで今まさに起こっている戦争のことを考える時に、「原爆を投下した側の論理」が入り込んでいる瞬間があるのかもしれない。そのことと、原爆による被害を対照しながら、人類にとって原爆とは何か、ということを問う場を設定できればと思います。

いま、「人類にとって」と申しましたが、原爆投下は広島と長崎に多大な被害をもたらしたと同時に、戦後日本における戦争に対する認識を規定していったといえます。さらにそればかりではなく、世界の平和運動のなかでも省みられるべき出来事であり、その意味では、戦後日本における戦争の意味、ということとは少し違った形で、今日の世界を規定しているわけです。そうした部分も含めて、広島と長崎への原爆投下が、その後の日本、ないしは世界にどのようなインパクトをもたらしたのか、ということも考える必要があります。したがって、投下後の世界というのも重要な切り口になるだろうと考えます。

ただ、付け加えねばならないのは、広島と長崎での原爆投下は、米ソの関係においてアメリカ側が優位に立つという意味合いもあり、その意味では、戦後の冷戦構造をも規定しています。この点については、原爆に関する展示のなかでも若干は触れたいと思いますが、むしろそれは、占領期や大衆文化の展示のなかに表れる「冷戦」の影と重ねながら、展示全体をご覧いただければと思います。

沖縄戦に関してですが、私たちは沖縄戦と一言で言いますが、沖縄島内でも地域によってまったく様相が違いますし、八重山、宮古等々に関してもまた様相が違ってまいります。はっきり言えば、沖縄戦を一義的に示すことは、そもそも難しいのです。展示のなかでは、むしろ沖縄戦のもっているいくつかの側面を提示することにしたいと考えています。ただ、「艦砲射撃」、つまり海上の戦艦から発射される大砲による攻撃は、沖縄戦を考える上でのポイントのひとつになるかもしれません。つまり、空からの爆撃などと違い、戦艦からの艦砲は、戦艦が海上にいる限りはいつでも発射できるし、その威力は凄まじいものがあります。この継続的な恐怖、言葉の本来の意味での「テロル」と連動する形の攻撃について、大量殺戮ということと関わらせながら考えることは重要であろうと思います。もちろん同時に、民間人の動員、集団自決、戦争マラリア、地上戦など、いくつもの論点があります。全てを網羅することは難しいでしょうが、それらいくつかの側面から沖縄戦そのものを見直していく作業が必要だろうと思います。

また、大衆文化のコーナーになるのですが、そちらで沖縄戦の証言ビデオを放映しようと考えております。沖縄で起こったこと、巻き込まれた人のこと、そしてそれを取り巻く大きな歴史のうねりを含めて、いろいろなことを考える材料を提示するということが、ひとまずは歴博でできることなのではないかと考えております。

安田　ありがとうございます。若干補足をしますと、沖縄戦に関していいますと、先ほど吉田さんからご質問のあったように、沖縄戦というのは、まさに一九四五年（昭和二〇）六月という時点の話だけではなく、戦後にまでずっと尾を引いています。戦後の「忘却としての戦後」のコーナーでも、沖縄戦についいては、別の視点から取り上げたいと思っています。具体的には、第二室の最後の部分に沖縄戦を経験された方のビデオの証言をおきたいと考え、現在、映像選択をしている状況です。沖縄戦の記憶と語りについては、ご存じのように沖縄県史や沖縄の各市町村史をはじめとして、活字にされたものは膨大な量に及んでいると思います。それは沖縄戦の記憶と記録の集積として大きな役割を果してきたことはいうまでもありません。ただ特にここ数年、二〇〇〇年代に入ってから注目され問題化されているのは、それらの記録がすべてヤマトの日本語で書かれていることです。現在沖縄では、一九九七年から「琉球弧《りゅうきゅうこ》を記録する会」が中心になって、沖縄の言葉（ウチナーグチ）で沖縄戦を語ってもらい、それをビデオに記録するという運動が精力的に進められています。「島クトゥバで語る戦世《いくさゆ》」というプロジェクトです。*そのお仕事はかなり蓄積され、現在九〇〇人を超える状況に達しています。その「琉球弧を記録する会」の方々と相談をしながら、戦後のコーナーでそ

*琉球弧を記録する会『島クトゥバで語る戦世（いくさゆ）―一〇〇人の記録』二〇〇三年。琉球弧を記録する会『戦争と記憶　島クトゥバで語る戦世―五〇〇人の記憶』ゆめあーる発行、二〇〇三年。

の語りを活用できないかと考えているところです。その時の大きな問題は、字幕をつけるかどうかですね。そのビデオをみて、その語りを聞いても字幕をつけないと意味がよくわかりません。しかし字幕をつけると、おそらく来館者の方々は字幕を読むことに集中すると思うんですね。それはこのビデオの製作者の方々の意図したところとは大きく違う。彼らは、沖縄戦の事実関係を伝えようとしているだけではなく、それを語る一人ひとりの体験者の表情やしぐさ、背後の情景を含む身体表現の総体に注目しているわけです。どうしてかといえば、「島クトゥバ」とは地域共同体の生活を構成する核心であるからでしょう。そしてそれ故に「島クトゥバ」の問題は、琉球処分から沖縄戦、そして戦後まで続く沖縄同化政策の基軸だったわけです。「島クトゥバ」を使えば「方言札」を付けられ、戦争中はスパイの容疑をかけられました。こうした問題を踏まえて、字幕をどうするかが現在の重要な分岐点の一つになっているということだけ申し上げたいと思います。

もうひとつ、沖縄戦の性格については吉田さんたちが編集した『岩波講座アジア・太平洋戦争』に執筆された屋嘉比収さんの論文が*、私の印象に残っています。彼の論文には、沖縄戦の特徴は、戦争と占領と戦後という三つの性格が同一空間の中に並存しているのではないかと問題提起しています。つまり単純化していえば、戦闘は一応六月二三日に終わります。そして人びと

*屋嘉比収「沖縄戦における兵士と住民」『岩波講座アジア・太平洋戦争⑤戦場の諸相』岩波書店、二〇〇六年。

は「占領」された地域のなかで収容所に収容され、「戦後」に向っての制度設計が始まっていく。しかし同時に北部の山原などでは九月まで「戦争」が継続しているわけです。そう考えてくると、「戦争」と「占領」と「戦後」の同時並存という事態は、多元的な問題群を提起していくように思うんです。その一つが東アジア地域における戦争の終わり方の特徴との類比です。朝鮮半島南部や台湾での戦争の終結の特徴との比較、これはいうまでもなく東アジアの冷戦の出発という論点ともつながるのですが、興味深い点だと考えています。沖縄戦と原爆展示は、最初に申し上げたようにまだ途中なのですが、せっかくの機会ですので、先生方になにかコメントやアドバイスがあれば、お伺いできればと思います。

加藤　本日、みなさまにはお配りしていないのですか、私どもの手元には小さなものですが、展示予定のモノにつきましての写真一覧があります。これはなかなかおもしろいのですね。皆さんが三月以降おいでになった時にぜひご覧いただきたいものを一つといわれたらこれかなと私が思っているのは、昭和六、七年（一九三一、三二）に作られた「満州上海事変出征現役兵名簿」という掛け軸のようなモノがあります。先ほど申し上げたように六、七年の頃には現役兵名簿みたいなものを全員書き上げられるくらい戦没者が少ないということです。それとともに何でそれに注目するといえば、この名簿は、先にも申し上げたように掛け軸のようになっていて、昭和天皇のいまだお若い軍服姿の写真が上部に載っているわけです。その下に、それこそお相撲の取組表のように一つひとつの氏名が実際には読めないような小さな文字で書かれています。つまり掛け軸状のものに天皇の写真、その下にたくさんの兵士の出征現役兵名簿（次頁写真）というようなものが載っています。これは先ほど吉田先生の話にありましたように、日中戦争が侵略戦争ではないと思う人は一割ぐらいしかいません。むしろ国民は、戦争について責任の所在、その所在についての議論が十分になされていないのではないかと思っている。そのような問題を考える際に、視覚化された天皇の像は、生活の中での位置づけという意味で、とても大事だと思います。この中では一つそういうものがあったと思います。

もうひとつは、沖縄戦の問題で、原爆を落とす側の論理ということをさまざまにおっしゃられて、すごく説得力がありましたが、沖縄戦については写真資料というものがすごく説得力があると思います。写真資料のもつ迫力というものについては、何よりも展示の場合、大きくなります。このような観点から考えたときに、私たちは、ある時期に日本人と呼ばれていた朝鮮人・台湾人を忘れていないといったように、彼らに目配りした、ある種ポリティ

「満州上海事変出征現役兵名鑑」（歴博所蔵）

カルコネクトネスというのでしょうか、政治的公平さを保った上で、彼らの現状を伝える資料を選んでいます。しかし、ある意味では、たとえば朝鮮半島における化学工場で朝鮮人が手にしていた一日のお金と、日本人が手にしていた一日のお金はこれだけ違いますよといった、差別を生々しく物語る資料などが、かえって必要になると思います。

私自身の経験でいえば、意外に自分もナショナリストなのだなと思った体験がありまして、アメリカのスミソニアン博物館の一つ、民族史博物館でのことです。アメリカが第二次大戦中の日本人の強制収容に謝罪した直後に作られた一室を見に行きました。それは日本人がサトウキビ畑で働いたり、サンフランシスコにおける排日運動がどういうものだったかを示す展示でした。たとえば、ある日まではきちんとグロッサリーストアのようなもの、小売店をやれていた日本人の夫婦が追いだされるといったような写真です。これは自分でも意外だったのですが、見ているうちに涙が出てきました。こういった例から考えますと、日本人は朝鮮人・台湾人への差別を忘れていませんという、現代的な視点にたった公平な展示よりは、そのものの、ある種残酷な現実を見せられた方が、逆に日本人である私がアメリカの民族史博物館の展示姿勢に目を見開かされたのと同様の効果を期待できるのかもしれないですね。以上をまとめれば、モノというものと衝迫力のある資料というものは近現代において大変に大事だということです。

吉田　軍事史研究、軍隊史研究というものが、かなり急速に進んだという事実があると思います。その一方で、まだまだかけている分野があって、歴博の視点にはマイノリティの視点が一つの重要な柱になっていると思います。軍隊内部のマイノリティ、これは未解放部落出身の兵士に関する調査・研究はかなり早い時期から進んだと思いますが、ずっと気になっているのは、脱走兵とか、逃亡兵というかたちで切り捨てられた人々、軍法会議で処刑された人々の存在です。ドイツでは今脱走兵の名誉回復の動きがあると聞いております。日本の場合は、完全に忘れ去られた人々で、ブーゲンビル島の第六師団で、敗戦直後に軍法会議の手続きを省略して逃亡兵とみなした兵士を射殺するという事件がありました。これは一九七〇年代初めに、国会でも取り上げられて一定の名誉回復は行われた。しかし、そういう問題は、今までの研究では抜け落ちています。軍法会議の史料は確実に残されていますが、未公開のままです。一部、二・二六事件の軍法会議の史料は公開されていますが、軍法会議そのものの研究もほとんどありません。そこで処刑された逃亡兵や脱走兵と決めつけられた人々の存在もほとんど戦後史の中では忘れ去られています。今日本人捕虜の研究はかなり進んできたと思うのですが、そういう問題がまだたくさんあるということを実感しているところです。

原田　一つ博物館展示で難しいなということを、沖縄戦と絡めてお話ししたいと思います。

ここ五年ほど沖縄調査を毎年続けています。たとえば、六月二三日になると、「平和の礎」というのはすごく持ち上げられます。現場性の問題が先ほど問題になりましたが、実際には村人や軍人が亡くなった場所にもともと建っていた慰霊碑が移されていっています。遺骨も政府の納骨所がありますので、そこに移されていっています。たとえば、北谷村《ちゃたんそん》とか読谷村《よみたんそん》といった戦場に、沖縄戦の慰霊碑が戦後建てられていきますが、そういうところをたどっていく時の私たちの気持ちと、そういうものが「平和の礎」のある摩文《まぶ》仁《に》の丘に集められていくことによって、沖縄の中での現場性の喪失というものがでてきています。多くの慰霊碑が、村の礼拝所というか、内地でいうと鎮守さんみたいなところに一緒に建てられているところも、姿が消えていってしまうものもだんだん増えていっています。現地でも現場性が失われていっているものを、博物館は、もちろん写真の問題などいろいろありますが、どういうふうに展示するのかということを考えます。杉原さんが言われたことで、展示で私たちがどこまで想像力をふくらませることができるか、どういうふうにその人たちに思いを寄せることができるような展示になるのかということが、一つの工夫かなと思います。

安田　どうもありがとうございました。残念ながら時間が迫ってきております。最後に来年三月にオープンする「戦争と平和」のパートについて、内容が重複していただいても構いませんので、一言ずつ第6展示室「戦争と平和」についての意義といった点についてお話しいただければと思います。

加藤　一つだけご紹介しておきたいのは、長野県飯田市の飯田市歴史研究所が『満州移民』という本を出しています。県なり、市なりが小さなまとまりで出しているような研究だと思って侮って読むと、とても違うもので、とてもりっぱな本です。今、飯田市といってもすぐに思い出せないと思いますが、たとえば一九二〇年代の大不況の時、長野ですから製糸業、アメリカ向けの上等な絹糸を輸出していました。その村々が恐慌になります。政府は経済緊縮や農家の負債整理運動といったことをやりました。飯田市は、村民のうち一八パーセントが犠牲になった満州移民を抱えている場所ですから、非常にあいまいな扱いと思いきや、そこに永らく住んでいる方がこの本を書かれていますので、どうしてあの村の村長さんのもとで、入団した人は無事に帰っ

て来られたのか、その理由がきちんと書かれている。村長さんが中国の東三省の農民たちと日常的にこういうことをやっていたからだとか、私たち歴史家が書けないことをかなり率直に書いています。それと分村移民といって、なぜ村ごと送り出されたかといえば、平成の町村の大合併と同じです。平成大合併の前に三二〇〇町村あったものが二〇一〇年になると一七〇〇ぐらいに減るといわれています。合併しますと、割引債のように、町村合併した人たちに有利なものを国がくれるという餌があるわけです。分村移民の時も特別に村に与えられるわけです。ですからこれを受け入れた村長、はねつけた村長、その差について地域の、飯田市の本では書いてあります。地域で地に足をつけた活動を永らくやってこられたからこそ、歴史に対する審判が下せる、こうした構造があるのではないでしょうか。

吉田　戦後の日本社会には、絶対平和主義的な流れがあって、先ほど後藤田正晴さんの名前が出ましたけれども、戦後の防衛政策についてはかなりいろいろな研究が出ていますが、警察予備隊の中心になったのは、後藤田さんはじめ、旧内務官僚の人々であったという事実は、ゆるがないでしょう。彼らの中に旧陸海軍の再現を許してはならないという非常に強い問題意識があって、文官優位システムといわれますが、防衛庁長官の背広のスタッフである内局が制服組を統制するという枠組みができあがってくるわけです。ある種の非戦の政治文化が戦後の日本の中にあったということです。その一方で問わなければならないのは、六〇数年たって初めて公的な国の機関で戦争展示ができるという状況があることの意味です。昭和館はある意味で、戦争のことは避けています。戦時下の国民生活ということに問題をしぼりこむことによって、戦争そのものはとりあげないようにしている。そういう意味で考えていきますと、戦争を正面から取り上げたのは今回の歴博の展示が国の施設としては初めてのことになると思います。それに六〇数年かかったという意味を歴史研究の対象として考えていく必要があるのではないかと強く感じます。

原田　安田さんや杉原さん、加藤さんがおっしゃったように、今回の展示以前に館の外部委員会が組織されていろいろ検討しながらやってきました。私たちは戦争研究の班というのが一つあってそこでいろいろな地域調査もしてきたわけです。そういうことをやって展示にたどり着くというのは、博物館展示としてはすごく特異な経過です。「戦争と平和」という非常に難しいテーマで、戦後六〇年たってやっとという今吉田さんが言われたようなテーマであるから、よけいに慎重に慎重にやってきたのでしょうけれども、こういう調査やシンポジウムをしているということは一つのプラスでもあります。こういうやり方をして一つの展示をするということは、当然ここにおられる方も来年、観に行かれるでしょうし、そこでいろいろな応答が博物館にあって、また何年か後にもしかしたら、別のメンバーでこういう会をするかもしれません。そういうことができる展示になっているのが新しい段階で興味深いのではないかと思います。

安田　どうもありがとうございました。持ち時間五五分を若干オーバーしてしまっていますので、そろそろお開きにしたいと思います。会場の皆さんからもかなりたくさんアンケートをいただきました。最初に申しましたように今日の加藤さんの基調報告を始め、三人の方々のコメントも含めてこのフォーラムの記録を作ります。今日いただいたアンケートについても、その中でお答えできるものはお答えするようにするなど、具体的な方策を今後考えたいと思っております。そしてオープン後も応答の機会を作り、絶えず修正できるところは修正するという形も必要だと思っています。現在はまだ中間段階でございますので、皆さんのご意見を受け止め、展示に生かしていきたいと思っております。

本日は暑い中多くの方に来ていただきまして、どうもありがとうございました。来年三月にはより良い内容でオープンしたいと思っております。どうぞ佐倉までおいでいただければありがたいと思います。本日はどうもありがとうございました。

付録

歴博「現代」展示の見方・歩き方

安田常雄
樋口雄彦
原山浩介

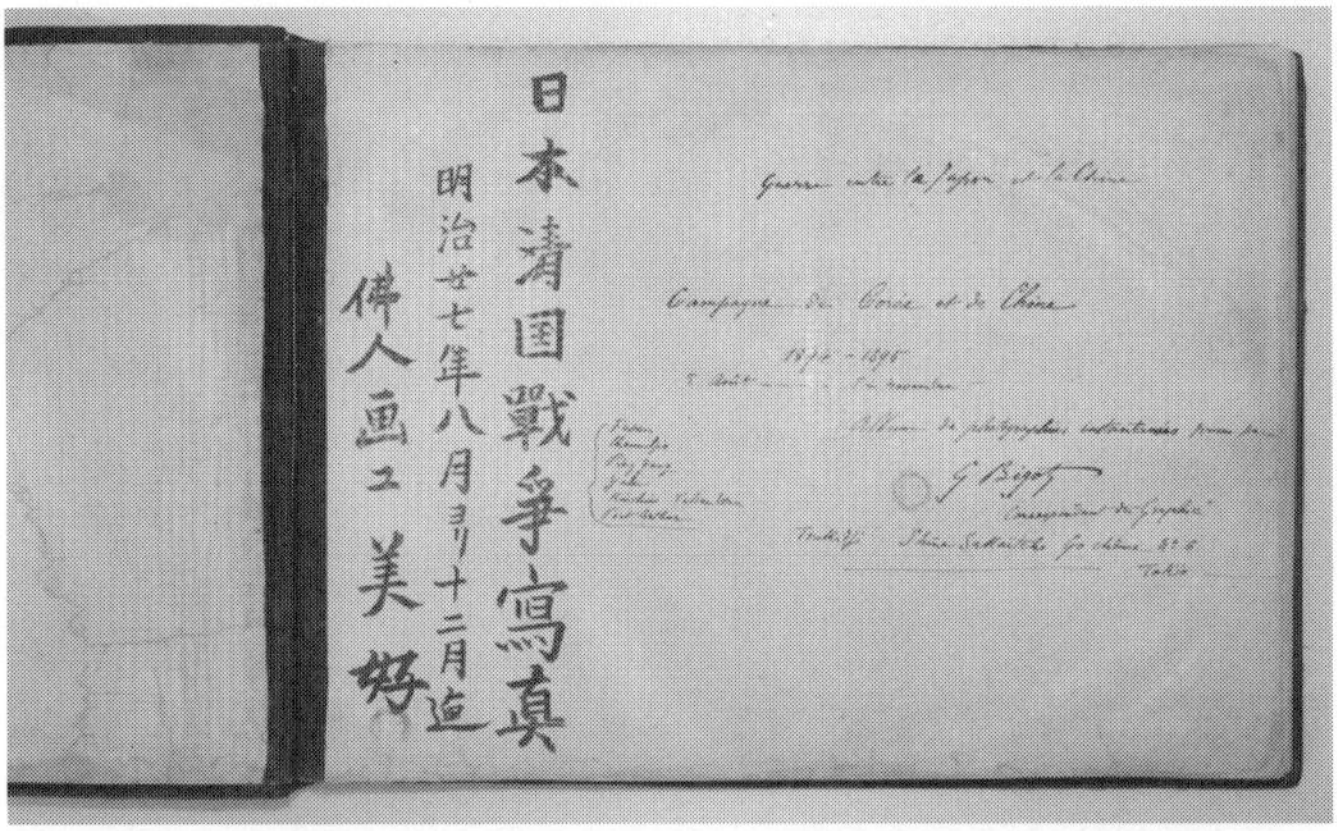

ビゴー撮影による「日清戦争写真帳」（歴博所蔵）
見返し部分のサイン（上）／旅順の砲台（下）

ジョルジュ・フェルディナン・ビゴー（一八六〇〜一九二七）は、一八八一年（明治一四）に来日したフランス人挿絵《さしえ》画家である。日清戦争に際してイギリスの雑誌『ザ・グラフィック』の報道画家として派遣され、挿絵を描くための素材として一九八枚の写真を撮影した。アルバムの扉には、フランス語のほか、日本語で「日本清国戦争写真　明治廿七年八月ヨリ十二月迄　仏人画工美好」と墨書されている。貼付《ちょうふ》された写真の多くにはフランス語によるキャプションが付されている。そのうち撮影場所がわかるのは、四九枚が平壌《へいじょう》、三八枚が釜《ふ》山《ざん》、一九枚が金州《きんしゅう》、九枚が旅順《りょじゅん》、八枚が仁川《じんせん》、四枚が大連湾《だいれんわん》、一枚が大同江《だいどうこう》といった内訳である。ただし、ビゴーが日本に帰国した後に撮影されたものもあることから、他の人物が写した写真も混じっているらしい。

日本軍兵士たちとその戦場生活のようす、日本軍の上陸地・通過地、そして戦場となった朝鮮の風景やそこに暮らす人々の姿、敵となった清国兵の捕虜や死体、陣地や鹵獲《ろかく》品など、戦争のさまざまな場面を切り取った貴重な記録となっている。

なお、『別冊太陽　ビゴーがみた世紀末ニッポン』（一九九六年、平凡社）には一九八枚の写真がすべて掲載されている。東京都写真美術館『ジョルジュ・ビゴー展』（二〇〇九年、東京新聞）では、日露戦争を報じたフランスの週刊誌に、一〇年前の日清戦争写真帳にある写真をそっくりに真似て描いたビゴーの挿絵が収録されていることが指摘された。（樋口雄彦）

2、兵士・軍夫の日記が語る旅順虐殺

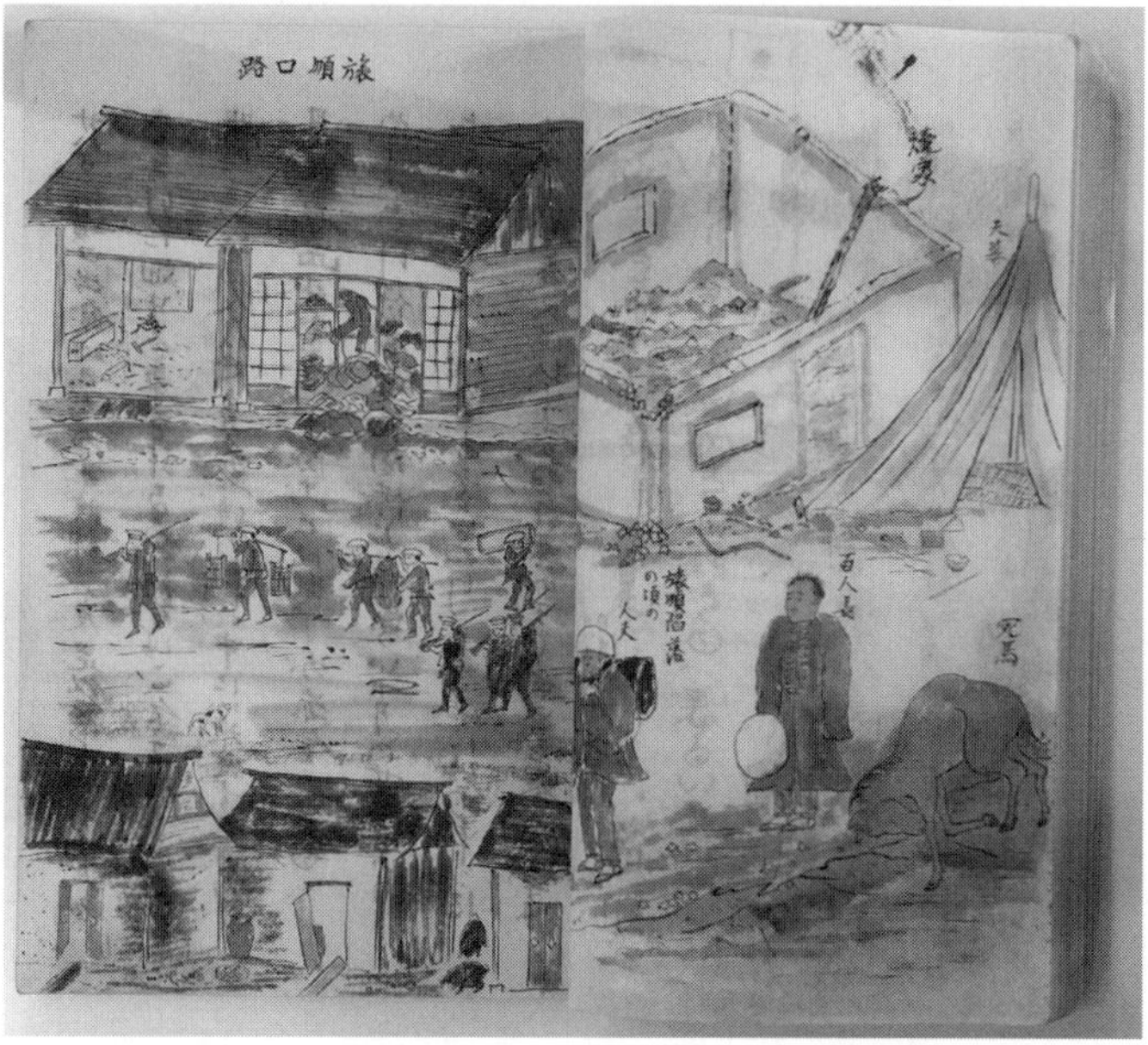

「明治二拾七八年戦役日記」（複製・原品は個人蔵）第一師団の軍夫丸木力蔵が記したもの。写真は、廿八年三月八日日誌（複製）

日清戦争の実相を伝える興味深い資料二点（原本個人蔵）を複製し、展示している。

まず、日本陸軍の第二軍に属した軍夫《ぐんぷ》丸木《まるき》力蔵《りきぞう》が記した「明治二捨七八年戦役日記」は、全一六四ページにわたり、美しい挿絵を交え墨書《ぼくしょ》されているものである。そもそも軍夫とは、正規の戦闘員とは別に物資輸送のため戦場に動員された労働者である。展示したページには、「旅順口路」を歩く兵士・軍夫たちの姿、軍夫やその差配役である百人長の服装などが描かれている。住居の中は掠奪《りゃくだつ》で荒らされ、衣服が散乱している。死んだ馬の横に立つ百人長が着ているロングコートは、清国人から徴発（掠奪）したものであろう。丸木の日記には、百人長が捕虜を試し斬りにする場面も記述されている。

二点目は、第一師団歩兵第二連隊の上等兵関根《せきね》房次郎《ふさじろう》が、佐倉の兵営を出発してから凱旋《がいせん》するまでを記録した「征清従軍日記《せいしんじゅうぐんにっき》」である。旅順虐殺《りょじゅんぎゃくさつ》とは、一八九四年（明治二七）年一一月、旅順攻略戦の過程で起こり、国際問題にまで発展した日本軍による敗残兵等の無差別殺戮《さつりく》であるが、この日記には第一師団長山地元治中将から、「土民《どみん》ト雖《いえ》トモ我軍ニ妨害スル者ハ不残《のこらず》殺スヘシ」、「今後ハ容赦《ようしゃ》ナク壮丁者ハ悉皆《しっかい》兵農ノ区ヲ分タズ射斬スヘシ」という命令が下されたことが記されている。

なお、この二つの資料については、一ノ瀬俊也『旅順と南京　日中五十年戦争の起源』（二〇〇七年、文藝春秋）が詳しく解説しているので参照していただきたい。

（樋口雄彦）

佐倉遊廓が作製した凱旋歓迎ハンカチ（歴博所蔵）

一九〇九年（明治四二）歩兵第二連隊は佐倉から水戸へ移転しているので、それ以前の、日清戦争もしくは日露戦争の凱旋《がいせん》時のものである。どのような場面で配布されたものであるのかはわからないが、遊廓《ゆうかく》に来店した凱旋兵士に贈られたものか、来店を促すため宣伝の意味で配られたものかもしれない。遊廓にとって兵士たちは大のお得意さんであった。

一八八二年（明治一五）陸軍軍医として森鷗外が訪れた時、佐倉の町に遊廓はなかったが、その翌年には遊廓が開業したという。佐倉町の町域の東部に位置する、弥勒町という場所である。一九〇五年（明治三八）時点で娼妓《しょうぎ》三九人がおり、一月中の遊客二五四〇人のうち軍人が一四九九人を占めたという。第6室の床面に大きく複製・展示した「千葉県佐倉町鳥瞰」（一九二八年、松井天山画）という鳥瞰《ちょうかん》図にも、「遊廓」「若葉楼」の文字が見られる。

遊廓のことも含め、佐倉の町と連隊との関わりについて考察した論考として、塚本学「城下町と連隊町」（『国立歴史民俗博物館研究報告』第一三一集、二〇〇六年）がある。（樋口雄彦）

4、柳宗悦のハングル記事（東亜日報）

朝鮮人을想함（一）

東洋大學哲學科教授　柳宗悦

（一）

朝鮮語訳された柳宗悦の論考「朝鮮人を想ふ」
『東亜日報』縮刷版（No.１）（歴博所蔵）

柳宗悦《やなぎむねよし》（一八八九〜一九六一）は、東京で生れ、学習院から東大で学んだ。最年少のメンバーとして『白樺《しらかば》』に参加、クロポトキンなどの影響を受け、W・ブレイクについての大著を書いた。一九一四年（大正三）、李朝朝鮮の白磁《はくじ》の美に感動したことを契機に、すぐれた朝鮮美術を生み出した朝鮮民族に深い敬愛の念を抱くようになった。一九一九年三月一日、三一独立運動が起ると、『讀賣新聞』（五月二〇日〜二四日まで連載）に筆をとり、はじめて朝鮮について執筆したのが本資料「朝鮮人を想ふ」である。当時の「大正デモクラシー」といわれる風潮のなかでさえ、朝鮮植民地問題は少数の例外を除いて無視される状況であったが、保守主義者であった柳は、それゆえにこそ朝鮮芸術と朝鮮民族の伝統の擁護《ようご》という視点から、三一独立運動を支持する論陣を張った。そして返す刀で日本の朝鮮に対する「同化政策」を鋭く批判したのである。

「或朝鮮人は、次のやうなありのままな質問を吾々に與《あた》へた。『日本は吾々のために教育を與《あた》へるのか、日本のために吾々を教育するのか、何れなのか』と。如何《いか》なる日本人も前者であると言ひ切るものはないであらう。実際その教育は彼等の衷心の要求や歴史的思想やを重んじて行ふ教育ではない。寧《むし》ろかかる事を否定し歴史を教へず、外国語を避け、主として日本語を以て、日本の道徳、又彼等には今まで無関係であった日本の恩恵を中枢として、彼等の思想の方向をさへ更《か》へようとするものである。全然新たな教育の方針に対して彼等が親しみ難い情を抱くのも自然な事実であらう。彼等には掠奪《りゃくだつ》者と見えた者を、最も尊敬せよと言はれるのである」（柳宗悦『朝鮮とその芸術』春秋社、一九七二年、一一頁）

「日本の古《こ》藝術《げいじゅつ》は朝鮮に恩を受けたのである。法隆寺や奈良の博物館を訪ふ人はその事実を熟知してゐる。吾々が今国宝として海外に誇るものは殆ど支那《ママ》と朝鮮との恩寵《おんちょう》を受けないものはないであらう。然るに今日は少くとも酬《むく》いるのに固有の朝鮮藝術の破壊を以てしたのである。好事《こうず》家《か》は古作品の聚集《しゅうしゅう》をするが、かかる作品を再び造る心を彼等に活かさうとするのではない。之が所謂《いわゆる》同化の道であるなら、それは恐るべき同化である」（同上、一二頁。旧字は一部新字に直したところがある。）

その後、この文章は英訳されて“The Japan Advertizer”（一九一九年八月一三日付）に掲載され、さらに翌年四月一二日から『東亜日報』で朝鮮語訳の連載が開始された。

代表的な柳宗悦論として、鶴見俊輔『柳宗悦』平凡社、一九七六年、水尾比呂志『評伝柳宗悦』筑摩書房、一九九二年、がある。

（安田常雄）

5、浅川巧・伯教——朝鮮陶磁への想い

上：淺川巧（浅川伯教・巧兄弟資料館蔵）
下：淺川伯教が朝鮮半島の窯跡から収集した陶磁器の破片。写真は紛青沙器茶碗〈淺川伯教収集朝鮮半島窯跡出土陶磁器コレクション〉（歴博所蔵）

浅川伯教《あさかわのりたか》（一八八四—一九六四）は、浅川巧《たくみ》（一八九一～一九三一）の兄。山梨県立師範学校を卒業、県内の訓導を勤める。熱心なクリスチャンであった。一九一三年（大正二）、朝鮮美術に魅せられ、朝鮮に渡る。翌年、兄の影響をうけ、山梨の農林学校を卒業した弟の巧も朝鮮へむかった。伯教は、小学校勤務のかたわら、しだいに李朝陶磁器の研究・収集に入り、啓明会の資金援助などもあって、敗戦まで朝鮮陶磁器研究を続けた。特に伯教は、当時の日本人が関心をもっていた「高麗青磁《こうらいせいじ》」や「高麗茶碗」だけではなく、朝鮮陶磁史の体系化、李朝陶磁器の再評価に大きな貢献をし、その研究方法は朝鮮半島内の古窯跡《こようし》を徹底的に調査することにあった。たとえば一九二九年から三一年だけでも、十三道にわたり六七八ヶ所の窯跡《かまあと》を調査、陶磁器の破片を蒐集《しゅうしゅう》した。しばしば巧も同行した。

一方で弟の巧は、総督府の林業技師として、朝鮮唐松《からまつ》の養苗や造林事業で実績を残す一方、朝鮮民芸の収集・研究につとめた。特に朝鮮語を学び、朝鮮人社会のなかにとけこもうと努力し、信頼を得、朝鮮人のもつ美意識や生活感にもとづいて李朝美術工芸を捉えようとしていた。その誠実な人柄は植民地下の朝鮮の人びとから敬愛され、一九三一年（昭和六）四〇歳で死んだとき、その棺《ひつぎ》は多くの朝鮮人に担がれ、激しい雨のなかで朝鮮人の共同墓地に葬られたという。

こうした浅川兄弟の活動は、柳宗悦《やなぎむねよし》をして朝鮮美術工芸への開眼、さらには民芸運動に大きな影響をあたえた。三一独立運動以後、柳が朝鮮を日本とは別な一つのくに（民族文化）と見る立場をかえなかったのは、「淺川伯教・巧兄弟への敬愛、淺川兄弟をとおして知り得た朝鮮人への敬愛からわきでた自然の感情にうらうちされた思想」（鶴見俊輔「解説・失われた転機」『柳宗悦全集・第六巻・朝鮮とその藝術』一九八一年、所収）に支えられていたからであった。

他方で、柳宗悦、淺川兄弟の活動については、その非政治性の故に、朝鮮総督府の「文化政治」の枠内をでるものではないとの批判もある。たとえば、伯教は公然と日本の朝鮮支配を批判することはなかったし、朝鮮総督府の嘱託を務め、その「文化政治」の一環としての朝鮮美術展に参与として関わった。また戦時中は国民総力朝鮮連盟文化委員などを務めた。それは一言でいえば、朝鮮統治政策に利用される危険性という問題であり、総督府の「文化政治」を日本人としてどのように評価するかに関わっている。

参考文献として、高崎宗司『朝鮮の土となった日本人』草風社、一九八二、『淺川伯教資料展図録』山梨県立美術館、一九八八、がある。

（安田常雄）

舞踊家・崔承喜のパンフレットより
上：『SAI SHOKI PAMPHLET』（No.1）崔承喜舞踊研究所、第一輯第二版、1935（歴博所蔵）
右頁：『SAI SHOKI PAMPHLET』（No.2）崔承喜舞踊研究所、第二輯、1936（歴博所蔵）より

LEFT PICTURE THE TUNE OF THE HOLY MOUNTAIN (A COREAN MELODY)
Photo: Y. Yanagi
RIGHT PICTURE ETUDE
Photo: Y. Yanagi

崔承喜（チェ・スンヒ）は、一九一一年「京城」（現ソウル）で生れる。二六年石井漠《ばく》舞踊団の「京城」講演に魅せられ、舞踊家への道を決心した。東京の石井漠舞踊研究所に入所し、三年間の修業し、二九年には「京城」で崔承喜舞踊研究所を開設した。三四年の第一回新作舞踊発表会では朝鮮の伝統舞踊を踊り、多くの文化人らに絶賛された。三五年には東京九段に崔承喜舞踊研究所を設立し、日本各地で公演し、映画「半島の舞姫」にも主演し人気が高まった。日中戦争が始まった一九三七年以後、三年間はアメリカ、ヨーロッパ、南米でも公演し、世界的な舞踊家として認められた。四一年には歌舞伎座で帰国公演、四二年には「大陸前線慰問《いもん》」をかねて朝鮮・「満州」・中国各地をまわった。特に同年一二月、帝国劇場での二四回にわたる長期独演は多くの人に感銘をあたえた。四三年九月以後、上海・南京の日本兵慰問公演を行なった。四四年秋、日本軍の慰問を理由に日本をはなれ、北京で中国の古典舞踊を研究した。敗戦後の一九四六年四月、ソウルに帰るがまもなく北朝鮮に入り、民族舞踊の指導・普及に大きな功績を残し、人民俳優となり、最高人民会議代議員となった。その後の消息については、一九六七年、粛清の嵐にまきこまれ、以後、消息不明（金賛汀）、あるいは一九八六年三月頃粛清された（朴慶植）など諸説がある。

本資料は、第一輯とその好評を受けて増補された第二輯であり、日本での人気高揚期の全貌を伝えている。多量のグラフィックの活用、同時代の文化人の批評、詳細な出演日誌などで構成され、崔承喜による「クラブ乳液」「サロメチール」「明色美顔水」などの広告も掲載されている。

崔承喜の舞踊については、川端康成はそこにほとばしる朝鮮民族の「肉體《にくたい》の生活力」を賞讃し、村山知義は現在ほとんど失われた朝鮮半島の豊饒《ほうじょう》な藝術の再現であり、「遺産の批判的摂取」と批評している。また当時、最もシャープな批評家の一人であった戸坂潤は、次のように書いていた。

「彼女のものは、半島に於ける被抑圧大衆のペーソスと反撥と郷愁とを、よく現はしてゐる。少くとも之が、舞踊なるものが無内容で観念的な身振りに堕する弊を妨げてゐる。そして之に加へるに、インテリ向きのトピック（？）と通俗味とだ。彼女の舞踊は、充分考へ抜かれたものだ。悟性は彼女の強味だ」（第二輯）。

朝鮮植民地化と戦争、さらに戦後の南北分断のなかを生きた数奇な人生をどのように考えればよいのか、崔承喜の歴史的評価は今後の課題として残っている。

崔承喜については、高嶋雄三郎『崔承喜』むくげ舎、一九八一年、高嶋雄三郎・鄭炳浩編『世紀の美人舞踊家崔承喜』エムティ出版、一九九四年、金賛汀『炎は闇の彼方に』日本放送出版協会、二〇〇二年がある。

（安田常雄）

7、『さいぱん』——南洋への人の移動

『さいぱん』創刊号　南洋庁サイパン尋常小学校の保護者会編（1935年 8 月）（歴博所蔵）

本資料は、一九三五年（昭和一〇）八月に、南洋庁《なんようちょう》サイパン尋常《じんじょう》小学校の保護者会によって作成された学校誌の創刊号である。学校紹介のほか、教育指導についての各教師や保護者の文章や子どもたちの作文（尋常二年生〜六年生）が掲載されている。

南洋への「人の移動」は、第一次世界大戦後、南洋群島が国際連盟の委任統治領となってから本格的にはじまった。一九二一年（大正一〇）、製糖、植民、酒精、燐鉱《りんこう》などを多角的に経営する南洋興発（株）がつくられ、二二年にはパラオに南洋庁が設

置された。またこの年には、サイパン―沖縄間の直行船が就航《しゅうこう》し、沖縄は「南洋ブーム」に沸《わ》き立った。以後、南洋群島への移民は、圧倒的に沖縄からの移民が多く、この資料が創刊された一九三五年には、沖縄からの移民数は二万八〇〇〇人、全体の五六パーセントを占めていた。また一九三七年のサイパンでは約七〇パーセントが沖縄出身者であったといわれる。この資料にある南洋庁サイパン尋常小学校にも多くの沖縄出身者が在籍していたはずである。

南洋群島には、スペイン人との混血で西洋風の生活をするチャモロと、「南洋の土人」というイメージで描かれるカナカという先住民がいたが、現地住民の教育は四年制「公学校」で行なわれる仕組みになっていたため、わずかの例外を除いて、日本人と教室で肩を並べることはなかった。サイパン島の子どもはチャモロの子どもと遊ぶことが多く、けんかをすると、彼等を「三等国民」とバカにしたともいわれる。当時、「一等国民日本人、二等国民沖縄人あるいは朝鮮人、三等国民島民（チャモロ、カナカ）」という序列ができていて、子どもたちも自然にその差別の視線を共有していたからである。学校では御真影《ごしんえい》へのお辞儀で始まり、「天皇の赤子《せきし》」たるべき教育が行なわれた。

サイパンはその後、「海の生命線」を護る最前線として、「絶対国防圏」のかけ声の下に戦時体制に巻き込まれ、一九四四年六月、米軍のサイパン上陸によって壊滅的な打撃を蒙ることになった。当時のサイパン移民については、今泉裕美子「南洋群島」（『具志川市史』第四巻、二〇〇二）、同「南洋へ渡る移民たち」（大門正克、安田常雄、天野正子編『近代社会を生きる』吉川弘文館、二〇〇三）などがある。

（安田常雄）

佐倉連隊兵営模型（歴博所蔵）

下総《しもうさ》国佐倉《さくら》は佐倉藩・堀田家一一万石の城下町であった。一八七四年（明治七）、佐倉城には兵営が置かれることとなり、近世の城郭が改造され、城址には近代軍隊の兵営としての機能を果たす施設群が出現した。これは、一八八一年（明治一四）陸軍が作成した迅速測図《じんそくそくず》に基づき復元した、縮尺五〇〇〇分の一の模型である。

一八八一年当時は、歩兵第二連隊の兵営であり、白壁《しらかべ》、洋瓦葺《ようかわらぶき》、コーナーストーン張りのハイカラな兵舎が並んでいた。かつての椎木曲輪《しいのきぐるわ》に兵舎など連隊の中核部分が、三の丸には重病室（後の陸軍病院）が、天神曲輪には広大な練兵場が置かれたことになる。

兵営跡、すなわち佐倉城址は現在、佐倉城址公園や自由広場となっているが、その中では、佐倉兵営跡の記念碑、飛び下り訓練用の階段、厠《かわや》のコンクリート製土台、弾薬庫の建物土台・土手、軍犬・軍馬の墓石、東京鎮台《ちんだい》佐倉営所病院記念碑など、わずかに連隊時代の名残を見ることができる。説明板も設置してある。館内の展示を見た後は、野外を散策し連隊の遺跡を見て回ることをお薦めしたい。

なお、展示では、模型のほか、明治期に発行された佐倉兵営の鳥瞰《ちょうかん》図（石版画）、佐倉城址の発掘調査で出土した兵営関係の遺物なども見ていただける。

（樋口雄彦）

佐倉連隊内務班の再現展示のようす。(歴博所蔵)

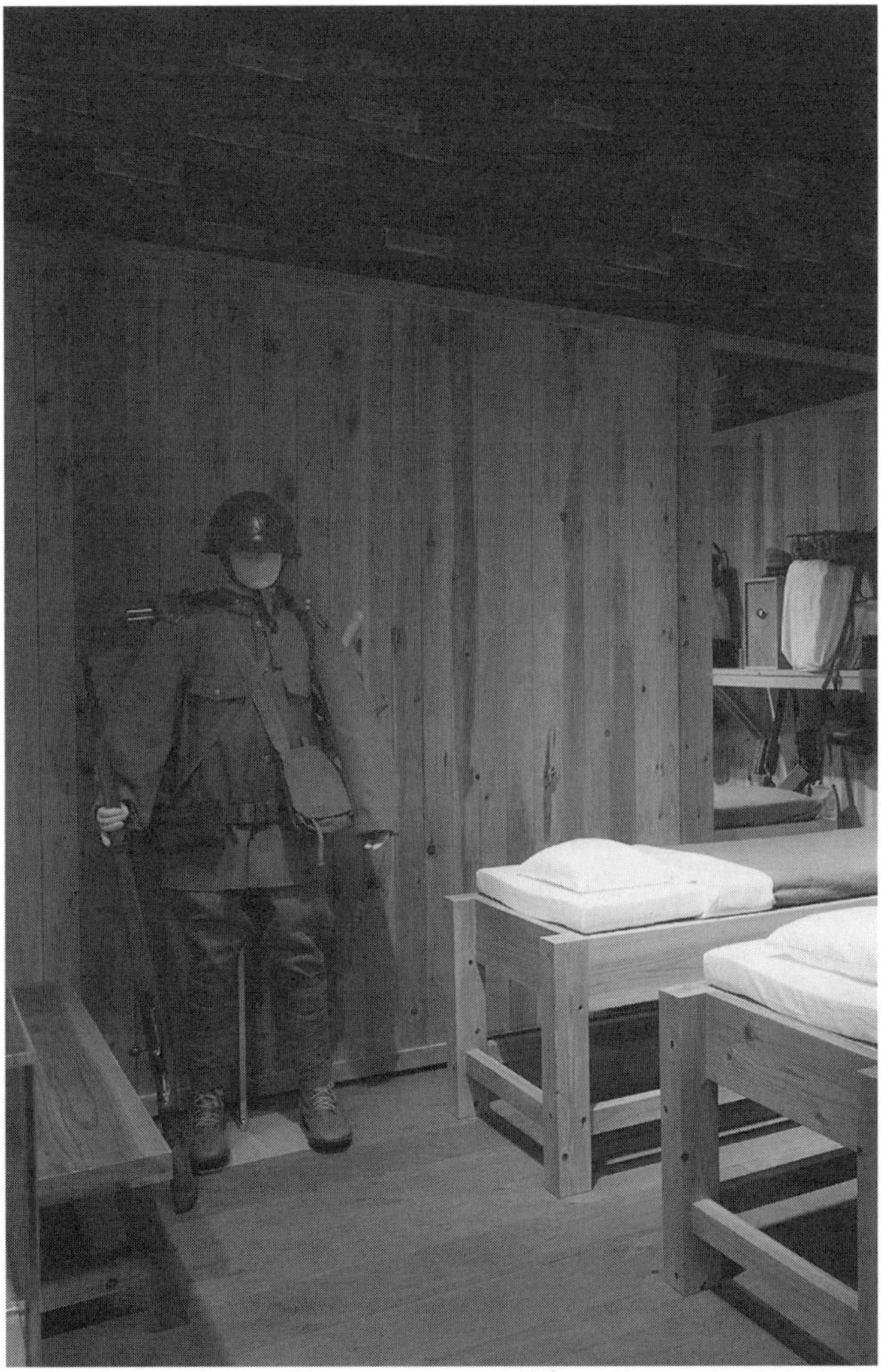

兵営の中で、兵舎は中隊ごとに建てられ、その内部は「内務班《ないむはん》」と呼ばれる大部屋に仕切られていた。時期や部隊によって違いはあるが、おおむね一つの内務班は二〇人前後で、戦時には分隊（小隊の下）を編成する単位となった。兵士たちが寝食をともにする空間であるとともに、銃の手入れや座学《ざがく》（机上での学科）を行う場所でもあった。中隊長（大尉・中尉）は父、班長（軍曹・伍長）ら下士官は母とされ、中隊は一つの家族にたとえられた。寝台を隣り合わせにした先輩兵士（古兵）のことは「戦友」と称された。

室内には寝台が並べられ、棚の上には整理整頓された各人の持ち物が置かれ、下にも吊り下げられている。軍帽、軍衣、背嚢《はいのう》、飯盒《はんごう》、巻脚絆《まききゃはん》、帯剣《たいけん》、雑嚢《ざつのう》、軍靴《ぐんか》などである。銃架《じゅうか》に立て掛けられた小銃は、三八式《さんぱちしき》歩兵銃である。「天皇陛下より下賜された」ことを示す菊の御紋が刻印されたそれは、兵士にとって大切に手入れし丁寧に扱わなければならないものだった。

寝台の横には木製の机があり、その上には食事（食品サンプルによる再現）が置かれている。アルミ製の食器に盛られたものは、麦飯、カツレツ、豆腐の味噌汁、番茶。兵営内の炊事場でつくられ、当番によって運ばれ配膳されたものである。

室内に立つ完全軍装の兵士は、昭５式軍衣を着た一等兵の設定である。ただし、兵舎内では靴を脱いでいたはずなので、その部分は不正確である。

兵営内での兵士の生活は、起床から消灯まで、ラッパの音が合図となりすべてが終始した。近くのコーナーでは、ラッパの実物を展示するとともに、戦前のレコードを音源にその音を聞いてもらえるようにした。

なお、実物大の復元に併せ、縮尺五〇分の一の兵舎の模型も展示している。一九二八年（昭和三）当時の資料にもとづいて製作した、歩兵第五十七連隊の兵舎である。屋根の一部をくり抜き、室内のようすを見ることができるようになっている。外壁は、明治の兵営とは違い、白壁ではなく下見板張りになっている。

（樋口雄彦）

10、映画「真空地帯」の映像から

「自転車」をやらされる大学出の初年兵　「真空地帯」の一場面（独立プロ名画保存会写真提供）

タッチパネル式のモニターでは、映画「真空地帯」（一九五二年、山本薩夫《やまもとさつお》監督、独立プロ名画保存会提供）の一部を観ることができる。野間宏の小説を原作にしたこの映画は、戦前の日本軍隊の非人間性をあばいた作品である。物語の舞台は大阪の連隊であるが、戦後まで残っていた佐倉の旧兵舎がロケ地に選ばれ撮影が行われた関係もあり、ここではその一部のシーンを抜粋し紹介する。映画の全シーンの約七割が佐倉旧兵営で撮影されたという。ちなみに、監督山本薩夫は、一九四二年（昭和一七）臨時召集兵として出征するまでの約二週間、佐倉の兵営で生活した体験があった。

まずは、軍隊の暗部、日本軍一般に見られた不条理をみごとに再現してみせた部分である（約七分）。兵士たちの共同生活の場である内務班《ないむはん》は、古兵の新兵に対する、下士官の兵に対する私的制裁が横行する場所でもあった。リンチには、ビンタ（素手・上靴＝スリッパ・帯革＝ベルト）、木銃で突き倒すといった直接的暴力のほか、腕立て伏せ、せみ（柱に腕の力だけでしがみ付かせる）、自転車（机を使い腕だけで体を支え、足を自転車をこぐように回させる）、編上靴なめ等々、多様なメニューがあった。

次は、作中に写った佐倉の兵営のようすである（約八分）。敗戦後もすぐに取り壊されることなく、引揚者《ひきあげしゃ》の寮などとして使用され、元の状態をほぼ保ったまま残されていた旧兵舎は、この映画のためには絶好の撮影場所だったようだ。在りし日の佐倉連隊を偲《しの》ぶ意味でも貴重な映像である。ここでは、その中から佐倉の兵営の外観や内部のようすを垣間見《かいまみ》ることができるシーンを抜粋し紹介している。

（樋口雄彦）

11、ある佐倉連隊兵士の昇進と除隊

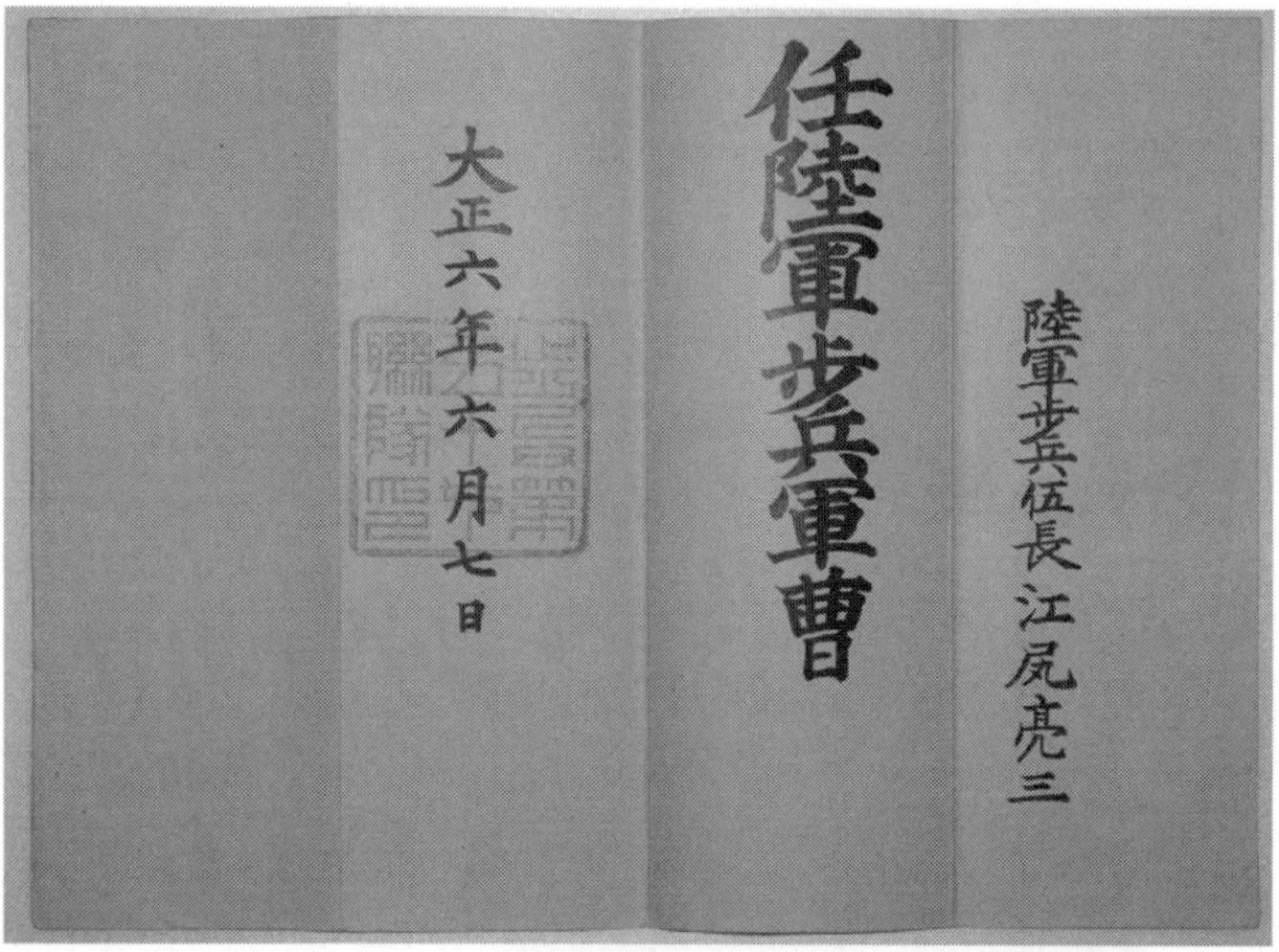

上：歩兵第五十七連隊の軍曹辞令（歴博所蔵）
下：富国徴兵保険相互会社のポスター（歴博所蔵）

満二〇歳を迎えた男子は徴兵検査を受け、甲種・乙種合格者は体格・体力とも優良であるとして抽選を経て現役兵に採用された。丙種は補充兵として現役を免れ、丁種は兵営免除、戊《ぼ》種は翌年再検査とされた。ただし戦争の激化はこれらの区分を無意味にしていった。入営した兵士は、やがて二等兵から一等兵へ進み、成績がよい者は上等兵に進んだ。下士官は服役期間を過ぎても軍隊にとどまることを希望した兵から採用された。

展示品の中には、佐倉連隊（歩兵第五十七連隊）の江尻亮三という兵士が残した資料がそろっている。千葉県君津郡木更津町（木更津市）出身の彼は、高等小学校卒業後、農漁業に従事していたが、一九一三年（大正二）徴兵された。一九一五年一二月一日上等兵から伍長《ごちょう》に進み、以後、一九一七年六月七日軍曹《ぐんそう》、一九二二年（大正一一）八月一五日曹長《そうちょう》と経て、一九二九年（昭和四）一二月二四日には少尉に昇った。その間、射撃や銃剣術の各種競技会での賞状も多く残されており、それらのうちの一部を展示している。一九三〇年（昭和五）に除隊した後は富国徴兵保険相互会社に入社し、参事・副監督・副主事などとして保険のセールスに従事した。兵から下士官、さらには少尉にまで昇進を果たした彼は、営業マンとしても優秀だったらしい。

江尻が残した資料ではないが、彼が勤めた会社、富国徴兵保険相互会社のポスターも展示している。徴兵保険とは、男子が成人するまで掛け金を積み立てていき、入営した際に保険金・社員配当金を支払うというもの。学資や結婚資金にも活用できる貯蓄であるというのが宣伝文句だった。保険の勧誘員には、退役軍人が多く採用され、制服姿で家庭を廻ったという。なお、富国徴兵保険相互会社（現フコク生命）は一九二三年（大正一二）創業である。

（樋口雄彦）

12、日中戦争と佐倉連隊の死傷者たち

讀賣ニュース

決死！がんじき斥候兵

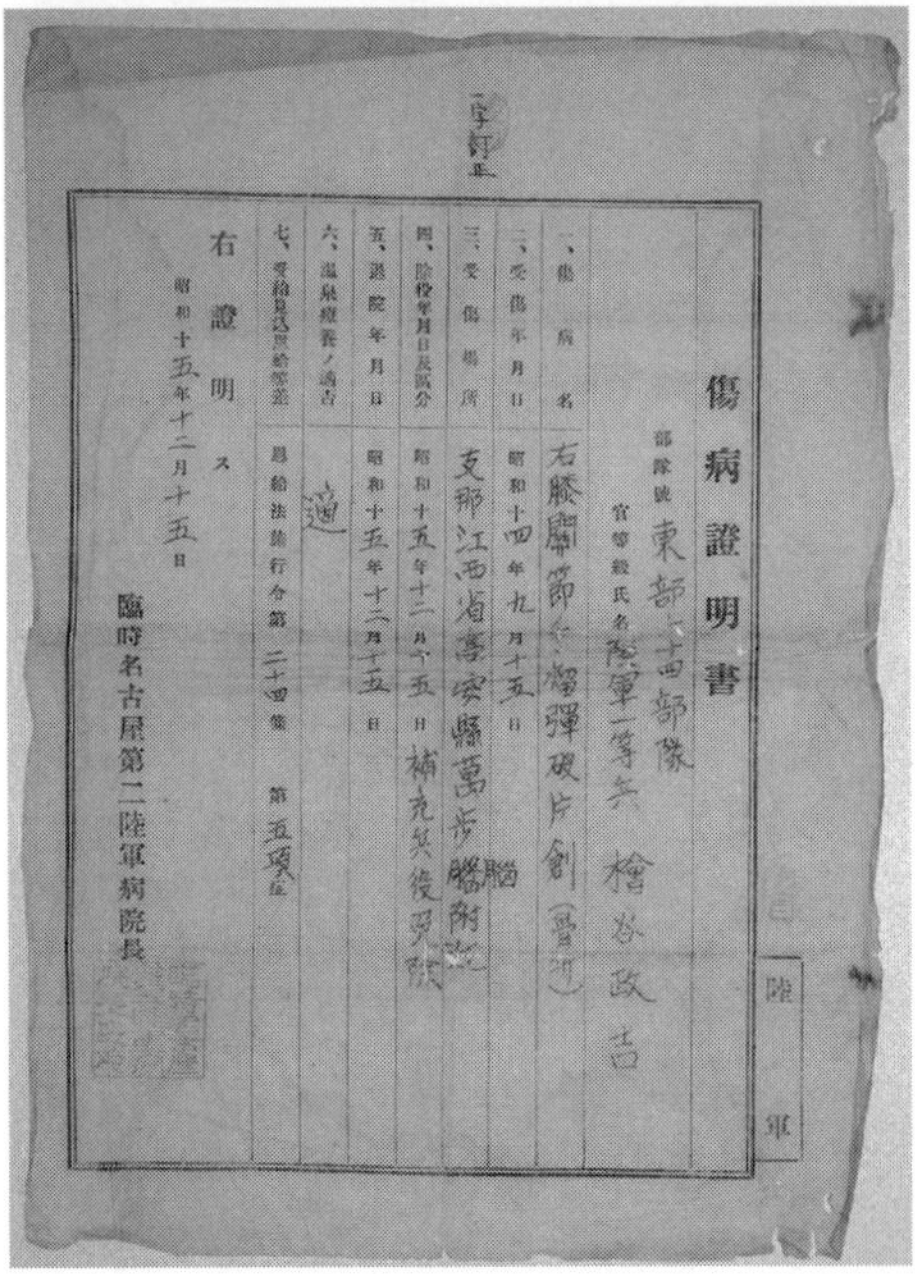

訂正

傷病證明書

部隊號 東部十四部隊

官等級氏名 陸軍一等兵 檜谷政吉

一、傷病名 右膝關節部榴彈破片創（貫通）

二、受傷年月日 昭和十四年九月十五日

三、受傷場所 支那江西省奉新縣萬歩腦附近

四、除役年月日及區分 昭和十五年十二月十五日 補充兵役免除

五、退院年月日 昭和十五年十二月十五日

六、温泉療養ノ適否 適

七、受給見込恩給等差 恩給法施行令第二十四條第五項症

右證明ス

昭和十五年十二月十五日

臨時名古屋第二陸軍病院長

陸軍

上：上海戦線での福井部隊の奮戦を伝える『読売ニュース』（歴博所蔵）
下：福井部隊の負傷兵の傷病証明書（歴博所蔵）

日本軍は中国との全面戦争に厖大《ぼうだい》な兵力を送り出す必要に迫られた。一九三七年（昭和一二）九月佐倉の兵営でも歩兵第五十七連隊の予備役《よびえき》が召集され、新たに歩兵第百五十七連隊（通称福井部隊）を編制、第百一師団に属し、大陸に渡った。「中支《ちゅうし》」（華中）戦線に投入された福井部隊は、一九三九年（昭和一四）二月から南昌攻略戦に従事した。同年三月二二日発行の『読売ニュース』は、修水河《しゅうすいが》という川で渡河《とか》作戦を行った福井部隊の戦いぶりを報道したもの。三月二七日には南昌を陥落させたが、その後も中国軍の激しい反撃を受け、一九四〇年二月佐倉へ帰還するまでに、戦死者九一四名、戦傷者一八五二名という犠牲を出した。

先に紹介した江尻亮三少尉（11項参照）も召集され、福井部隊の一員として出征、小隊長をつとめたが、一九三七年九月二九日上海戦線にて戦死した。ここでは、妻あてに送付された戦死の通知、死後中尉に昇進し贈られた功五級金鵄《きんし》勲章《くんしょう》やその授与状、行賞賜金国庫債券《こうしょうしきんこっこさいけん》、靖国神社合祀《ごうし》招魂式《しょうこんしき》の案内状、履歴と写真を掲載した『支那事変忠勇列伝　陸軍之部』第弐拾巻（一九四二年刊、恩賜財団軍人援護会）など、彼の遺品の一部を展示した。

戦闘で傷を負った兵士の資料としては、同じく福井部隊に従軍した千葉県行徳町（市川市）出身の一等兵檜谷《ひたに》政吉（一九一五〜二〇〇五）が残したものを展示した。傷病証明書（一九四〇年一二月一五日付・臨時名古屋第二陸軍病院長）、軍人傷痍《しょうい》記章授与証書（一九四三年三月一七日）である。軍人傷痍記章は、一九一三年（大正二）制定の軍人傷痍記章条例にもとづき、国家への功労者である傷痍軍人を鉄道運賃・税金等の面で優遇するために授与された。彼には、手《しゅ》榴弾《りゅうだん》の破片によって右膝の関節が曲がらない障害が残ったという。

（樋口雄彦）

13、歩兵第二百十二連隊長が絵にした中国での日々

歩兵第二百十二連隊長恵藤第四郎が戦地での余暇に描いた彩色画（原本・恵藤英夫氏所蔵）
※戦闘場面と打倒日本帝国主義の壁書きの写し

佐倉で編制された歩兵第二百十二連隊の連隊長・大佐恵藤第四郎《えとうだいしろう》（一八九二～一九五二、後に陸軍少将）が戦地での余暇に描いた葉書大の彩色画である。原本は恵藤英夫氏所蔵。複写・拡大したものをめくり式で見ることができるようにしている。

歩兵第二百十二連隊は、一九三九年（昭和一四）三月佐倉で編制され、一九四四年（昭和一九）三月ハルマヘラ島（現インドネシア）へ移動するまで山東省西半部に駐留し治安維持にあたった。北支那方面軍―第十二軍―第三十二師団という上部組織に属していた。恵藤連隊長は一九四〇年（昭和一五）八月から一九四三年（昭和一八）八月まで在任。その間、一九四二年二月には国民党軍と戦った魯中《ろちゅう》作戦、三月には第二次魯西作戦、五～九月には浙贛《せっかん》作戦が行われた。その際の戦闘場面も描かれているが、現地住民との接触など比較的平穏な日常のようすも興味深い。ただし絵画の場合、牧歌的な雰囲気を与えてしまう傾向が強いが、過酷《かこく》な戦場の実態を考えるためには、より一層の想像力をはたらかせるべきであろう。

展示しているのは、以下の二一点分である。働く少女（昭和一六年六月八日）、討伐記念散髪のようす（昭和一六年一一月三日）、大山兵器勤務隊（昭和一六年一一月二三日）、老子附近包囲戦之図（昭和一七年二月一一日）、昭和一七年三月六日の戦闘、白雲山上輝ク軍旗（昭和一七年六月三日）、下給品到着（昭和一八年一月三一日）、郷村長会議（昭和一八年一月三〇日）、討伐出動、北支之山、支那の井、（中国人女性が洗濯するようす）、（部隊の通信室）、自動車討伐、（逃げる中国兵）、おばあさんのいとくり、（日本軍に協力し戦死した中国兵の葬儀）、（戦闘場面と打倒日本帝国主義の壁書き）、（衛生兵による看護のようす）、乾杯。

（樋口雄彦）

14、「兵士ノ心得」にみる日中戦争期の軍紀風紀

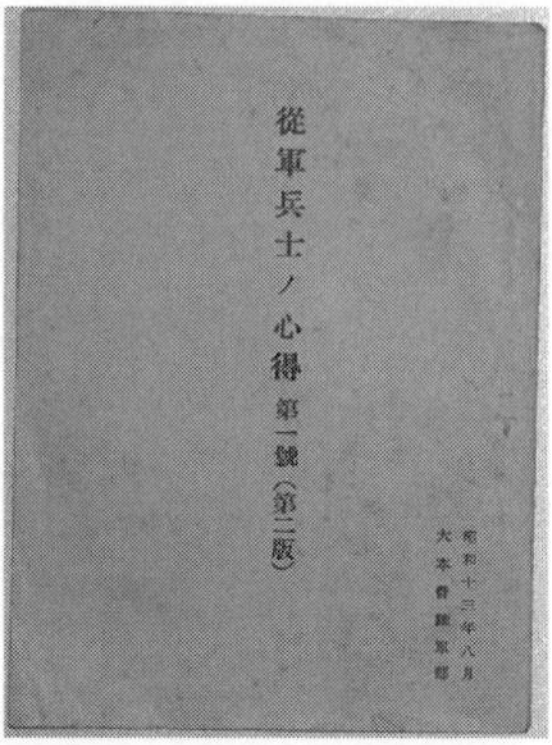
從軍兵士ノ心得第一號（第二版）
昭和十三年八月
大本營陸軍部

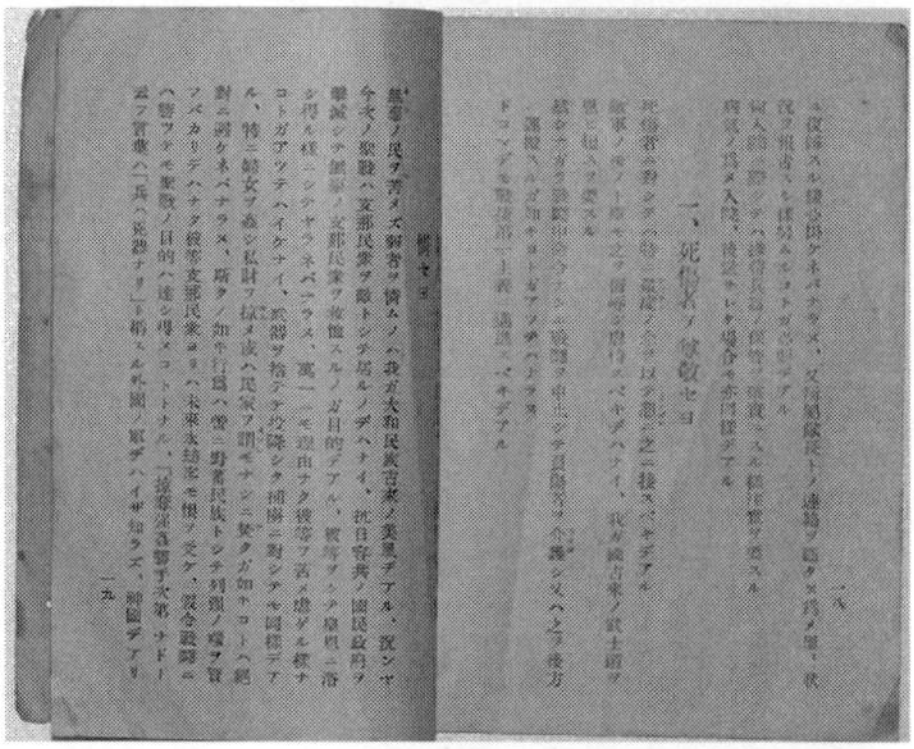

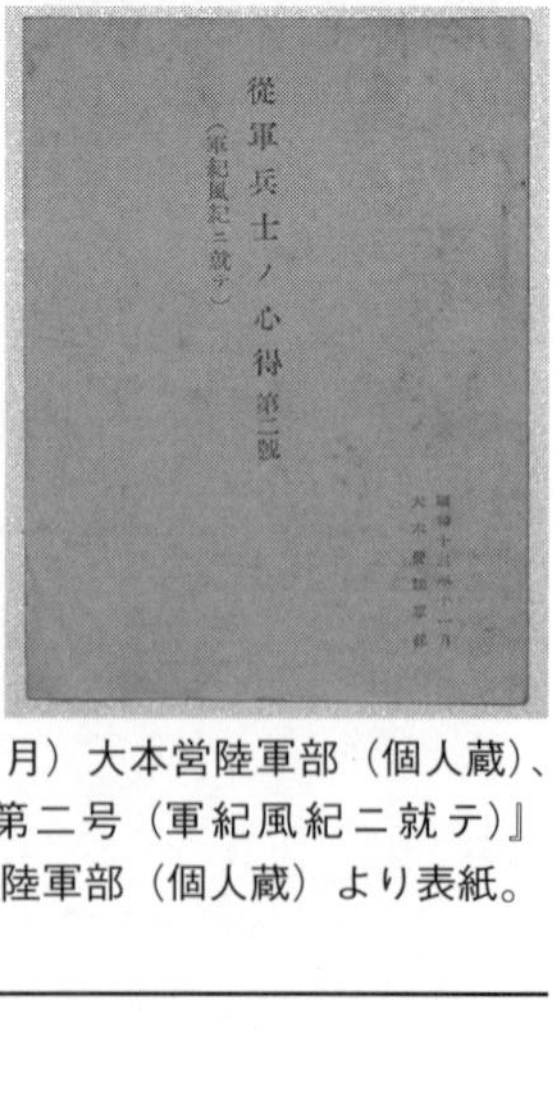
從軍兵士ノ心得第二號
（軍紀風紀ニ就テ）
昭和十三年十一月
大本營陸軍部

「兵士ノ心得」表紙および本文『従軍兵士ノ心得　第一号（第二版）』（1938年８月）大本営陸軍部（個人蔵）、『従軍兵士ノ心得　第二号（軍紀風紀ニ就テ）』（1938年11月）大本営陸軍部（個人蔵）より表紙。

一九三八年（昭和一三）、大本営陸軍部は、立て続けに戦地での非行をいましめるための冊子を作成した。これは、全体としては日中戦争開戦一年をへて、進行する日本軍兵士の軍《ぐん》紀《き》風紀のゆるみに対し、あらためて原則を確認し、軍紀風紀の引き締めを啓蒙、通達する文

書である。

たとえば『従軍兵士ノ心得』第一号（第二版）では、「支那民衆ヲ愛隣セヨ」「第三国人ニ対シテハ正々堂々タルト共ニ其ノ名誉財産等ヲ尊重セヨ」と原則的な理念を強調し、具体的には、投降した捕虜への虐待、また特に女性に対する強姦《ごうかん》、私財の略奪、放火を厳しく戒めている。「萬一ニモ理由ナク彼等ヲ苦メ虐ゲル様ナコトガアツテハイケナイ。武器ヲ捨テテ投降シタ捕虜ニ対シテモ同様デアル。特ニ婦女ヲ姦シ私財ヲ掠《かす》メ或ハ民家ヲ謂《いわれ》モナシニ焚《や》クガ如キコトハ絶対ニ避ケネバナラヌ」。また『従軍兵士ノ心得』第二号（軍紀風紀ニ就テ）は、さらに具体的に、略奪や強姦について、戦場心理の動きも組み込みながら、警告を発し、それがどのような刑罰に値するかを記述している。まず、略奪や強姦など「私利私欲ノ為ノ行為ハ夙《ツト》ニ皇軍軍人トシテ軍紀風紀上許サレヌ」と位置づけ、略奪は「戦場ニ就テ最モ陥リ易キ犯罪デアル」であること、また強姦については、「戦場ニ就ケル強姦ハ其ノ地ノ住民ニ対シテ為サレル場合ガ多イ兵威ニ怖レ殆ンド無抵抗ノ状態ニ在ル為一種ノ征服感更ニ猟奇心等ニ駆ラレ殆ンド常識デハ信ゼラレヌ様ナ姦淫行為ヲ平然ト行ツテ憚ラヌ様ナ不心得者ガ絶無トハ云ヒ得ヌ様ニ思ハレヌ」と書いている。そしてもしそうした罪を犯したときは、「総テ強姦ノ罪ニ対シテハ二年以上十五年以下ノ懲役ヲ科シ殺シタリ傷ヲ負ハセタリスレバ重キハ死刑ニ、軽キモ無期若ハ三年以上ノ懲役ニ処セラレルノデアル」と記述している。

「従軍兵士ノ心得」は、事実上こうした犯罪行為がくり返されていることが背景にあり、象徴的には前年の南京事件などが影響をあたえていると思われる。

（安田常雄）

15、戦時下の女性に関する諸資料

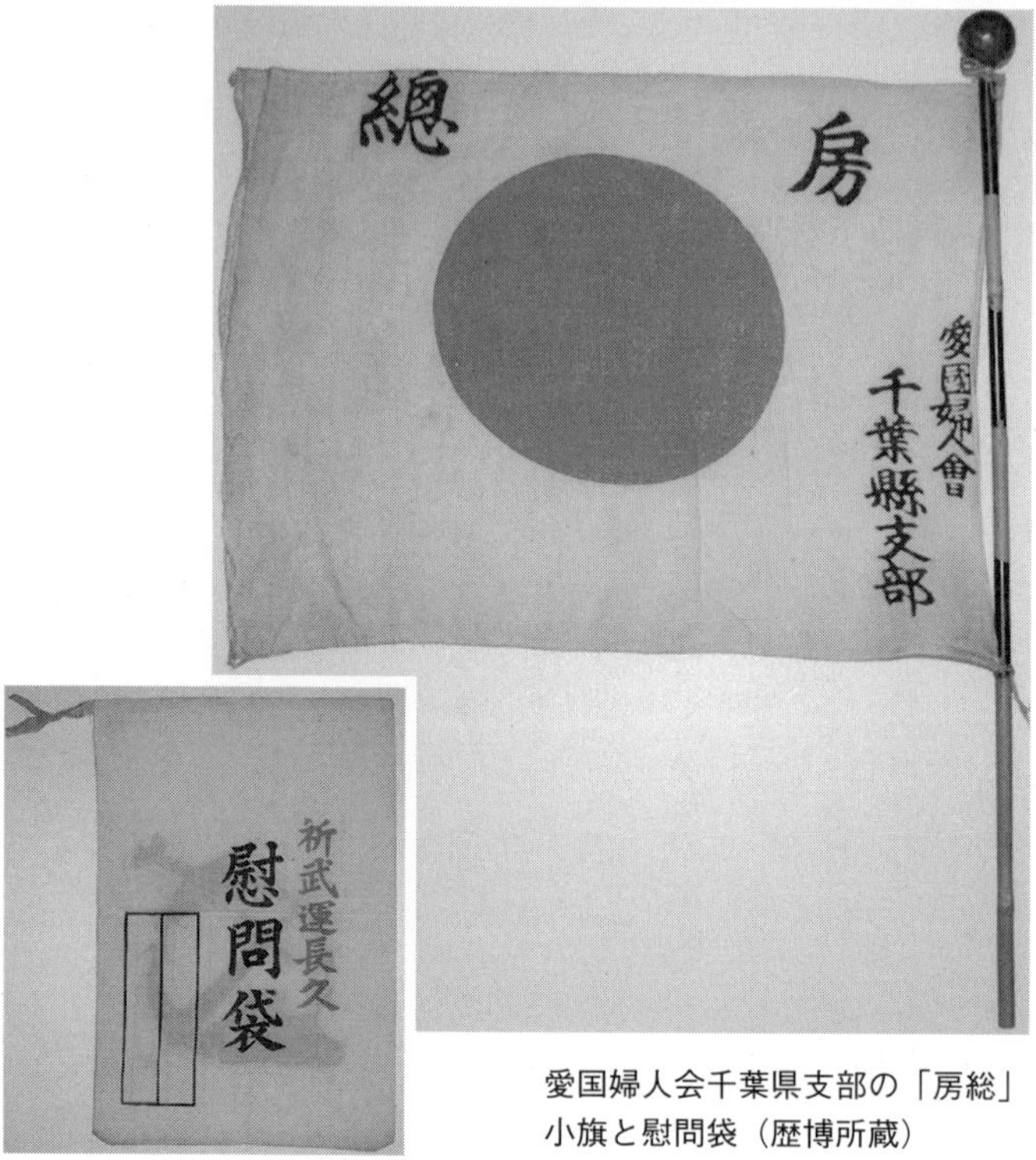

愛国婦人会千葉県支部の「房総」小旗と慰問袋（歴博所蔵）

総力戦の時代を迎え、老若男女を問わず、兵士でなくとも、あらゆる国民が戦争に無関係でいることはできなくなった。銃後における女性の役割を示す資料として、以下のような資料を展示している。

「愛国婦人会千葉県支部」「房《ぼう》総《そう》」と染め抜かれた小旗は、出征兵士の見送り、あるいは凱旋《がいせん》歓迎などの際に使用されたものであろう。割烹着《かっぽうぎ》にたすき掛けで様々な銃後後援活動に従事する国防婦人会の会員たちの姿は、戦時下の女性を象徴する姿であり、たすきは会員の目印であり、必需品だった。その国防婦人会が力を注いだのが、前線の兵士たちへ送る慰問袋《いもんぶくろ》づくりである。その中には、手紙や雑誌・煙草・キャラメルなど、受け取った兵士が喜びそうな品物が詰められた。

慰問袋の中身となった可能性があるものとして、千葉県夷隅郡中根村（現・いすみ市）が発行した銃後活動状況絵葉書（九枚組）がある。郷里を留守にした兵士たちを安心させるべく、農繁期共同託児所《たくじしょ》・共同炊事、勤労奉仕の農作業、国防婦人会の武運長久祈願のようすなどが印刷されている。また、『銃後千葉』（複製、一九四三年）は、表紙に「郷土部隊慰問」という文字があるように、大政翼賛会千葉県支部などが出征兵士の慰問用に作成した雑誌。この号には、「総力戦下の女子学徒　県立佐倉高等女学校」という記事が載っている。

戦時下の女性の姿は、タッチパネル式のモニターで観ることができる「日本ニュース」の映像にも含まれる。第一五四号（一九四三年五月一八日）「戦ふ女性」、第一八五号（一九四三年一二月二〇日）「女子防空監視隊・軍服を縫う女子挺身隊《ていしんたい》・女子も機械工へ」、第二二八号（一九四四年一〇月一二日）「女子航空挺身」の三本である。厖大な兵力動員は、国内に深刻な労働力不足をもたらした。残された女性は銃後を支える労働力として期待され、様々な職場で活動の場を広げた。各地の防空監視哨《しょう》に勤務した人もいたし、二五才未満の未婚女性は女子挺身隊に組織され、工場などへ動員されたりもした。女学校の生徒たちも勉学を犠牲にして、軍用機のタンクを製造した。

（樋口雄彦）

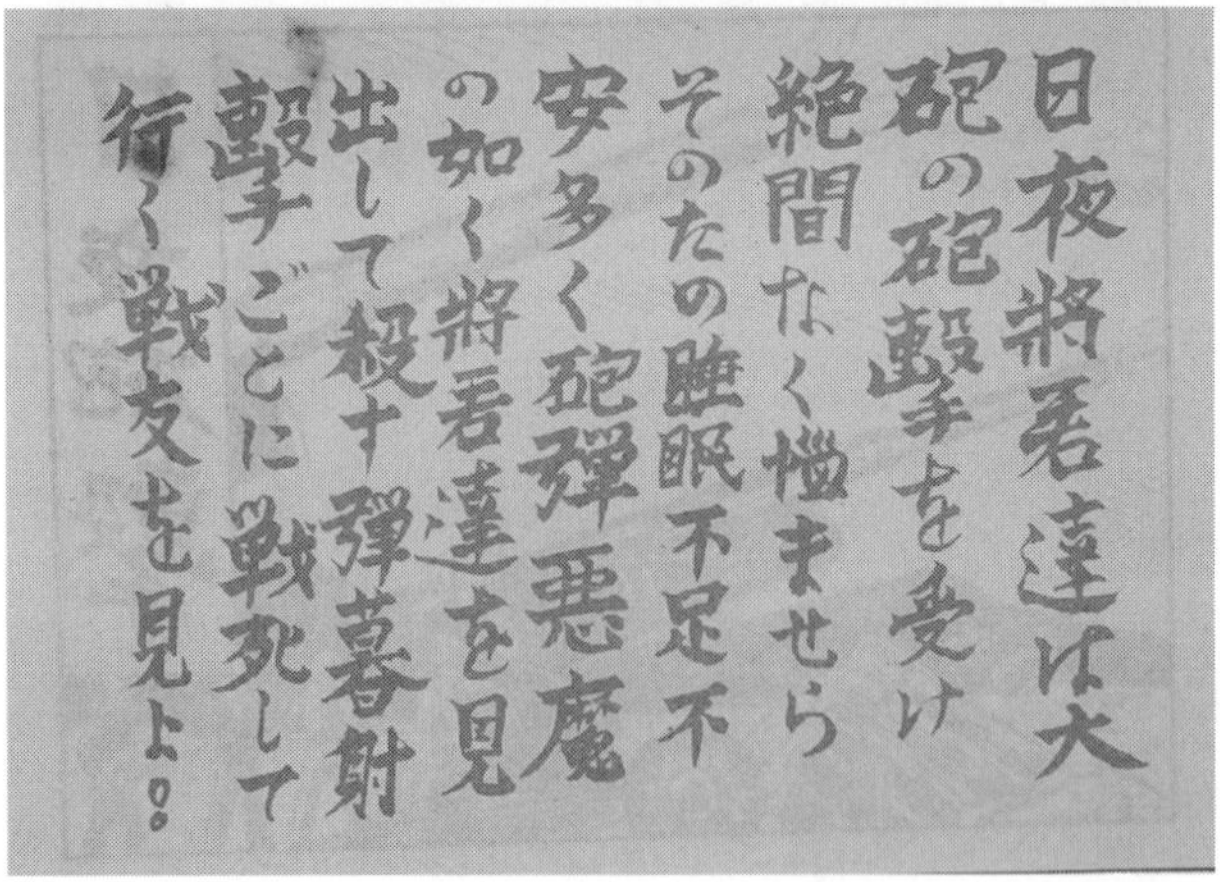
日夜将君達は大
砲の砲撃を受け
絶間なく悩ませら
そのため睡眠不足不
安多く砲弾悪魔
の如く将君達を見
出して殺す弾暮射
撃ごとに戦死して
行く戦友を見よ。

アメリカ軍がフィリピン戦線で撒いた伝単の表と裏（歴博所蔵）

敵の将兵や国民の戦意を低下させ、投降をうながすために作られた宣伝ビラが「伝単《でんたん》」である。この展示室でも日本の戦争に関わる、敵味方双方の伝単をいくつか展示・紹介している。

「中国戦線」コーナーには、日本軍が中国で撒《ま》いた伝単を展示している。日中戦争初期に中国国民党の兵士に対し、国民党軍の腐敗ぶりを説いて投降を呼びかけたものである。

「対米英戦」コーナーでは、アメリカ軍がフィリピンで撒いた伝単を並べている。いずれも一九四四年（昭和一九）のものである。米軍が住民に対し、軍隊の行動を妨害しないよう指示したもので、町や村を離れて避難する際、道路をふさいではいけないと命じている。日本軍に対するものでは、部下の無駄死を避けるよう将校に投降を呼びかけたもの（一九四四年一一月二五日頃に撒かれたものか）、日夜の砲撃の激しさ、圧倒的な火力で脅したものなどである。砲撃についての伝単は、「諸君」を「将君」、「弾幕」を「弾暮」とするなど、まだ日本語に精通していない語学兵がつくったものであろうか、誤りが目につく。

さまざまな伝単の写真を多数収録し、考察を加えた研究書として、一ノ瀬俊也『戦場に舞ったビラ　伝単で読み直す太平洋戦争』（二〇〇七年、講談社）、同『宣伝謀略ビラで読む、日中・太平洋戦争　空を舞う紙の爆弾「伝単」図録』（二〇〇八年、柏書房）がある。

（樋口雄彦）

ILLUSTRATED CURRENT NEWS

SWAMPS AND MUD SLOW YANK ADVANCE

Leyte, Philippines — Slowly advancing through swamps and tangled underbrush, American infantrymen seek out remaining Jap resistance on Leyte. One soldier, bogged down waist-deep in the mud, is helped up by his buddies.

ILLUSTRATED CURRENT NEWS（歴博所蔵）レイテ島の泥濘の中を進むアメリカ軍のようすを報じる。

佐倉連隊（歩兵第五十七連隊）を基軸に展示を構成した関係上、太平洋戦争については同連隊が参加したフィリピン・レイテ島の戦いについてクローズアップしている。

一九四四年（昭和一九）一〇月、アメリカ軍はレイテ島に上陸、同島を起点にフィリピン全域の制圧をめざした。日本軍は、米軍に大打撃を与え有利な条件で講和に持ち込もうと、佐倉連隊を含む第一師団などを増援として同島に派遣したが、兵器・補給能力の差は圧倒的で、激しい戦闘のすえ同年中にはほぼ壊滅、残存部隊は対岸のセブ島へ撤退《てったい》を余儀なくされた。当初二五〇〇人ほどだった佐倉連隊のうち、セブ島に到着した者はわずか一六八人だった。

展示物としては、日米決戦の主戦場となったリモン峠周辺のレイテ北部の地形模型、アメリカ側が撮影した写真のパネル、同島での戦闘や抗日ゲリラの活動、解放されたフィリピン人の喜ぶようすを報じた米軍兵士向け広報誌『ＹＡＮＫ』、日本軍や住民に撒《ま》いた米軍の伝単、米軍が現地フィリピン人との接し方を解説したポスター、戦死した佐倉連隊将校の死亡告知書、遺品の軍隊手牒などがある。

また、タッチパネル式のモニターで視聴できる映像（約二〇分）は、歩兵第五十七連隊の第二大隊長として戦った長嶺秀雄氏の講演の一部、およびアメリカ軍が撮影したレイテ戦を編集したものである。長嶺氏は、二人の大隊長の相次ぐ戦死によって連隊本部付から急遽大隊長に就任した人（当時少佐）。

ちなみに、レイテの戦いの全貌については、大岡昇平『レイテ戦記』を一読されることをお薦めする。

（樋口雄彦）

18、日本の戦争に協力させられた植民地

台湾での徴兵令施行を宣伝するポスター（歴博所蔵）

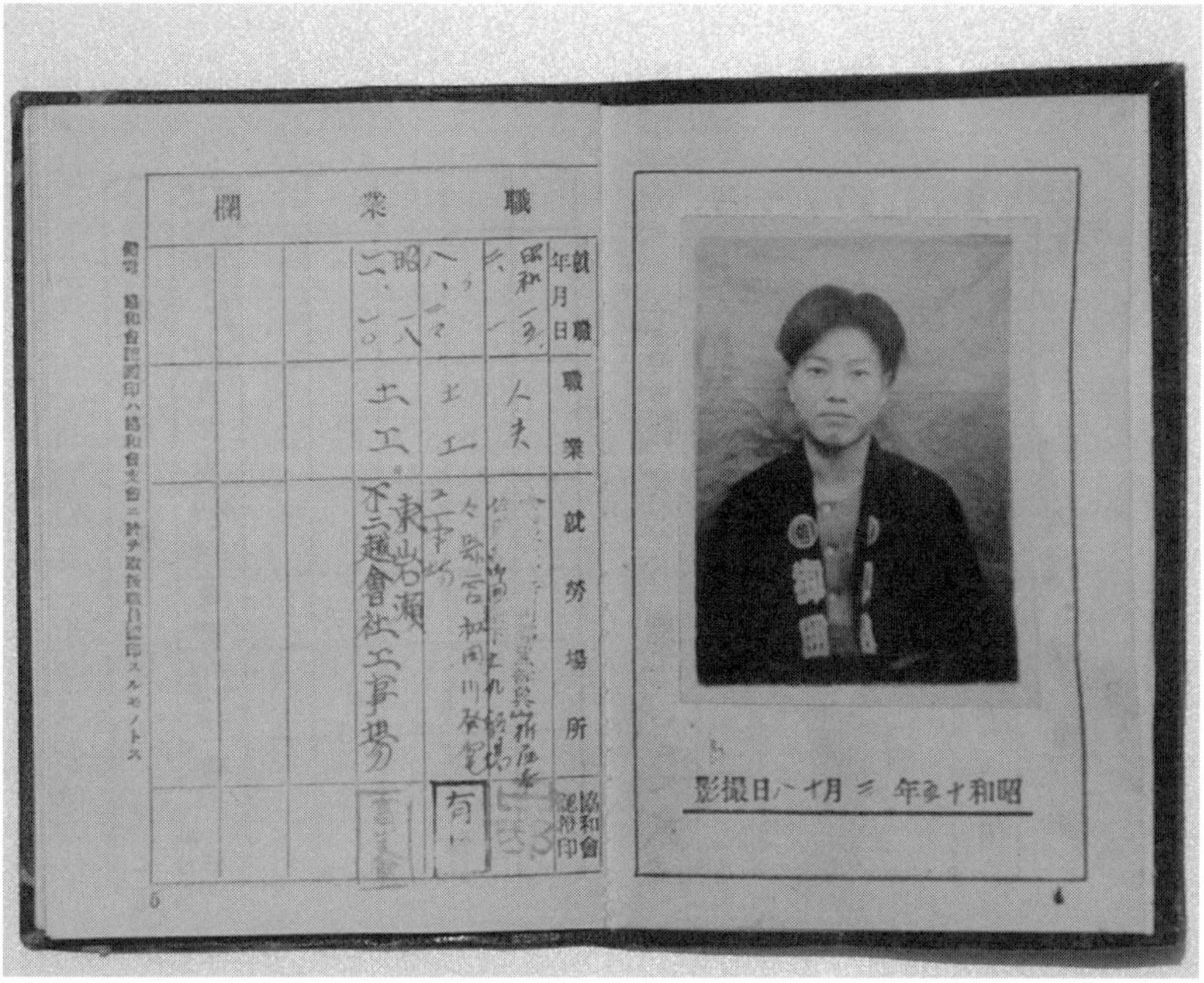

協和会手帳（在日韓人歴史資料館写真提供）

「〝決戦〟下の国民生活」のコーナーの一画には、日本の戦争に協力させられた植民地、台湾、朝鮮の資料をまとめて展示している。

「武装台湾」「徴兵令下る　光栄の九月一日」「今や六百万の本島同胞が新しい戦友として堂々と皇軍の戦列に加はつた」という文字が入ったポスターは、一九四四年（昭和一九）台湾で徴兵令が施行されたことを宣伝するため、大政翼賛会・皇民奉公会・台湾総督府が印刷したものである。すでに行われていた志願兵募集とは別に、翌年四月からは徴兵が実施され、二万二〇〇〇人余の台湾人が入隊することになった。

朝鮮の関係では、以下のような資料を展示している。

まずは財団法人内鮮協和会《ないせんきょうわかい》が発行した絵葉書であるが、同会は一九二四年（大正一三）四月大阪で設立された在日朝鮮人の福利厚生のための団体である。その絵葉書にあるように、宿泊所、職業紹介所、夜学校などの運営を行った。

次に協和会の会員証。協和会とは一九三六年（昭和一一）年以降に各府県で設立されるようになった在日朝鮮人の管理・統制のため組織された官製団体である。手帳型の会員証は携帯が義務づけられ、身元確認のために使われた。ここに展示したものは、在日韓人歴史資料館所蔵のもので、顔写真が貼付され、職業欄には、一九四三年（昭和一八）に富山県の不二越会社工事場に「土工」として就職したことなどが記載されている。

東京在住の朝鮮人児童の通信簿（複製、原品在日韓人歴史資料館所蔵）は、一九四〇年（昭

和一五）のものであるが、同年二月から実施された「創氏改名《そうしかいめい》」のため、李茂炯という本名が「武田茂」という日本式の氏名に改められている（本書109頁に掲載）。

太平洋戦争下に朝鮮総督府が発行したパンフレット類には、「大東亜建設と朝鮮」（一九四二年）、「朝鮮の国民総力運動」（同年）、「朝鮮の教育」（一九四三年）、「朝鮮視察の栞《しおり》」（同年）などがある。「朝鮮視察の栞」には、「創氏制度」「志願兵制より徴兵制へ」「皇国臣民化の諸事象」「国語普及」「国民総運動」「兵站《へいたん》基地朝鮮」などについてまとめて説明されており、朝鮮民衆を総力戦に動員しようとした意図がよくわかる。一九四四年（昭和一九）四月一日から実施された徴兵制により、日本の敗戦まで二〇万人余の朝鮮人青年が徴兵された。

（樋口雄彦）

19、戦意昂揚のために作成された紙芝居

紙芝居「軍用犬のてがら」（歴博所蔵）

戦争に対する国民の意識を高めるため、あらゆるメディアが動員された。教育の名のもとに青少年の戦争協力も強く求められた。子ども向けの紙芝居もそのような目的で利用されたものだった。タッチパネル式のモニターでは、歴博が所蔵する戦時中の紙芝居の中から五つの作品を観ることができる。もちろん絵とともにナレーションを聞いてもらえるようになっている。そのメニューは以下の通りである。

1、軍用犬のてがら　一九三九年（昭和一四）、幼稚園用、全甲社紙芝

居刊行会発行。中国の戦場で、傷を負いながらも人間を助けて活躍する二匹の軍用犬「朝風号」「富士号」を主人公にしたもの。

2、日満親善餅　一九四二年（昭和一七）、日本教育紙芝居協会製作・日本教育画劇株式会社発行。満州国国務総理鄭孝胥《ていこうしょ》と関東軍司令官・陸軍大将武藤信義との交流を語ると共に、満州国建国の正当性と日満親善を主張する。

3、国の力　一九四二年（昭和一七）、画劇報国社製作・大日本青少年団発行。青少年団員たちの会話を通して、わずかな金額でも集めれば巨額の戦費となると、大詔奉戴日にあわせた貯蓄組合の活動を推奨する。

4、撃ちてし止まむ　一九四三年（昭和一八）、陸軍省報道部委嘱・日本教育紙芝居協会製作・日本教育画劇株式会社発行。アメリカ・イギリスとの決戦を勝ち抜くべく、国民の覚悟を訴えるもの。

5、軍人援護日誌七日間　一九四四年（昭和一九）、茨城県多賀郡大津国民学校初等科第六学年一組共同作品・日本教育紙芝居協会発行。弟が戦死した受け持ち教師の留守中、児童たちの「頑張りぶり」を日記風に描いたもの。

（樋口雄彦）

上：ガマの入り口に向けて火炎放射する米軍兵（The U.S. National Archives and Records Administration 所蔵）
下：米軍の指示に従って移動する民間人（同上）

20、沖縄戦――激戦場となった生活の場

沖縄戦は、日本国内での最大規模の地上戦であった。この戦闘に、多くの民間人が巻き込まれ、犠牲になった。

一九四五年（昭和二〇）三月末から、慶良間《けらま》諸島などへの米軍の上陸が、四月一日には沖縄島への上陸が始まった。これに先立って、一九四四年一〇月一〇日には「一〇・一〇空襲」があり、那覇市などの沖縄各地が攻撃されていた。この空襲は大きな被害をもたらし、死亡者数は六〇〇人を超えたとされる。しかし、その後の戦闘を考えると、一〇・一〇空襲は、沖縄戦の前触れに過ぎなかったともいえる。

地上戦という表現が示すとおり、沖縄戦では、生活の場が戦場と化していった。街や住居が戦闘で破壊され、戦闘にさらされた住民は逃げ惑った。また、多くの住民が、さまざまな形で戦闘に動員され、あるいは戦闘に協力させられていき、戦争が人びとの日常と化していった。そして、少なくない民間人が、「集団自決」によって命を落とすという凄惨《せいさん》な状況もあった。

沖縄戦の模様は、「鉄の暴風」と称されることがある。陸海空から繰り返された攻撃により、砲弾などとして放たれた「鉄」が、沖縄全土を吹き荒れたことからこの言葉がある。なかでも、海上の軍艦からの「艦砲射撃」による破壊力は、特に凄まじかった。軍艦に据え付けられた砲台から放たれる艦砲は、地上の大砲よりも威力が大きく、建物などが破壊されたばかりでなく、地形さえも変えてしまうほどであった。また艦砲射撃は、空爆や地上からの攻撃と違い、沿岸に軍艦がある限り、昼夜の別を問わず、いつでも攻撃が可能であり、空襲警報によるような警戒では対応しにくいものでもあった。

沖縄戦では、戦闘ばかりではなく、「戦争マラリア」による犠牲もあった。住民が、マラリア多発地帯である山岳地域への疎開を余儀なくされ、そこでマラリアに罹患《りかん》して命を落とした。八重山《やえやま》列島ではその犠牲者数は三〇〇〇人を超え、戦闘による犠牲を大きく上回った。

沖縄は、連合国軍が日本列島へ侵攻する上で、戦略上の重要な拠点になる場所であった。そうした、いわば沖縄戦に至る必然性が、沖縄の住民の日常を、最も悲惨な形で規定していった。しかも攻撃は、民間人と軍属、軍事基地と居住地域を問わない無差別なものであり、住民たちはこれにいやおうなく巻き込まれることになった。この、戦闘や攻撃の無差別性は、沖縄戦のみならず、二〇世紀の戦争に顕著に見られるものでもある。

沖縄戦の歴史は、直接的には、沖縄に固有の戦争被害や、沖縄戦に至る軍事的・政治的経過を示すものであるが、同時に、そもそも戦争とは何かという根本的な問いを投げかけているといえる。

（原山浩介）

21、原子爆弾投下―止まった時計が語るもの

上：８時15分で止まった懐中時計（広島平和記念資料館所蔵〈二川一夫氏寄贈〉）
下：８時15分で止まった時計（同館所蔵〈川越明人氏寄贈〉）
いずれも歴博で複製を展示する予定です

一九四五年（昭和二〇）八月、米軍は広島と長崎に原子爆弾を投下した。これは、人類史上初めての核攻撃であった。これにより、夥《おびただ》しい数の命が一瞬にして失われた。

原爆投下は、落とす側と落とされた側で、見え方が違ってくる。

アメリカで発行された新聞の見出しには、原爆投下によって広島が消滅した（vanished、あるいはwiped offなど）という表現がなされているものがある。確かに遠いところから見たとき、凄まじい破壊力を持った兵器による攻撃にさらされた都市は、影も形もなくなってしまうかのように思える。

しかし現実には、原爆を投下された地上では、多くの命が一瞬にして奪われたばかりでなく、被爆による苦痛にあえぎながらも必死に生き延びようとする人びとが多数いた。そうした人びとのなかには、その後も長きにわたって、放射線などによる後遺症で苦しみ続けた者も多く、また、そうした苦しみの中で命を落としていった者も少なくない。

このような、被害の現場が見えないこと、被害者という当事者性から著しい乖離は、戦争の把握に関わる構造的な問題でもある。例えば、私たちが遠いところで起こっている戦争について考えようとするとき、時として私たちは、アメリカの新聞が広島を〝vanished〟と報じたのと同様に、そこにいる人びとが見えなくなっていることがある。さらに別の角度からいえば、戦争をめぐる政治過程や軍事的な経過を論理立てて叙述する際に、被害や被害者の存在が、軍や政治といった、彼岸にある論理に絡め取られがちだというジレンマがある。

広島・長崎への原爆の投下は、世界を一変させた。この後、世界は核戦争の恐怖にさらされ続けることになる。しかもその恐怖は、弾道ミサイルの開発により、戦闘状態を伴わないまま核戦争に突入する、すなわちいつでも核攻撃が起こりうる絶え間ない恐怖へと発展していった。そしてその背後では、アメリカとソ連を中心に核兵器の開発競争が続けられていった。

他方で、広島と長崎という二つの都市は、それ自体として、世界に向けて平和を考えることの重要性を発信し続けることになった。多くの人びとが両都市を訪れ、原爆による被害を学んだばかりでなく、反核と平和を訴える市民運動においても常に省みられる場所になっていった。

一九四五年八月六日八時一五分と、八月九日一一時二分を刻んだまま止まった時計は、多くの命を奪い去り、苦しみを与えた時、そして世界の歴史を変えた時を示している。

（原山浩介）

上：街頭に貼られた強制立ち退き命令（行政命令9066号）
下：家族の荷物とともに収容所へのバスを待つ少女（同上）
（The U. S. National Archives and Records Administration 所蔵）

特集展示　アメリカに渡った日本人と戦争の時代

2010年3月16日～2011年4月3日

—テーマ構成—

1．動き出す人びと
移民社会としてのアメリカ
愛媛の移民母村　八幡浜
北米での暮らし

2．日米戦と移民—排日運動・強制収容・送還—
揺れ動く移民の立場と日米関係
戦時交換船の航行
強制収容と送還

3．占領期日本の外国人特派員
終戦直後の外国人特派員
外国人特派員がみた占領期日本
日本にあらわれた特派員社会

4．強制収容後の日本人移民・日系人とアメリカ社会
再定住
リドレス

国立歴史民俗博物館では、第6展示室の開室にあわせ、特集展示「アメリカに渡った日本人と戦争の時代」を一年間にわたって開催する。

一般に歴史は、定住者の視点から書かれることが多く、私たちもしばしばそうした歴史の見方を自明のこととしている。そうした手法はもちろん、ある社会を定点観測するためには有効である。しかしそれぞれの社会は、実際には定住者のみによって構成されているわけではなく、少なからざる人びとが境界を越えて移動している。

この展示は、日本からアメリカ合衆国への移民に焦点を当て、その足跡を追うものである。同時に、占領期に日本に特派員として滞在した人びとにも焦点をあて、彼らの眼に日本やアジアがどのように映っていたのかも探っていく。これらを通じて、日本に住む日本人でも、アメリカに住むアメリカ人でもない視線から、戦争を挟んだ時代を見直してみようというのが、この展示の大きな目的になる。

近代以降、数多くの日本人が移民としてアメリカに渡った。大づかみにいえば、出稼ぎを指向していた人びとが多かった時代から、次第にアメリカへの定住を考える人びとが増えていく段階へと推移した。ただもちろん、実際には日本とアメリカを行き来する者がおり、あるいは将来の日本への帰国という選択肢を残しつつ、アメリカに定住している者もあった。

そうした人びとが、アメリカか日本かという選択を厳しく問われたのは、太平洋戦争下においてであった。日米開戦にともなって、アメリカ西海岸に住む日本人移民、ならびにアメリカの市民権（国籍）を有する日系アメリカ人たちは、それまでの住居を追われ、強制収容所に収容される。そして収容所では、「忠誠登録」が実施され、アメリカで軍務に就く意志と、アメリカへの忠誠が問われる。このとき、アメリカに対して不忠誠と判断された者は、他の収容所へと隔離され、その一部は日本へ、なかば強制的に送還されることになった。

アメリカにおける、日本人移民とその子孫たちへのバッシングは、二〇世紀はじめから、黄禍論《こうかろん》の流行、カリフォルニアにおける日本人の土地取得の禁止、そして日本からの移民の禁止といった具合に、太平洋戦争開戦より前に既に起こっていた。しかしながら戦争という事態に直面することで、そうしたバッシングが、日本人への恐怖心とないまぜになって臨界点を迎えるかたちで、アメリカ社会からの隔離に発展した。

当の移民やその子孫たちのなかには、戦争が始まる前に日本に帰国したものの、日本ではアメリカのスパイであるかのように警察に監視されたことから、開戦前にアメリカに逃げ帰った者もあった。しかし実際に戦争が始まると、今度はアメリカでＦＢＩに監視され、ついには強制収容所へと送られてしまう。つまり、移民が日本とアメリカの双方で、「敵」であるかのように見られてしまうような状況が作られた。そうしたなかで、日米のいずれか一方を選ぶことを強要され、日本を選んだ者や、どちらともつかない曖昧な態度を見せた者は、「敵」の烙印《らくいん》を押されていったのである。

この日本人移民とその子孫たちの強制収容については、後に、アメリカ政府がその過りを認め、謝罪と補償をすることになる。しかし、九・一一後のアメリカで生じたアラブ人への偏見を引き合いに出すまでもなく、移動する者に対する偏見を伴った眼差しがきれいに解消されたわけではない。そしてもちろんこれは、アメリカに特異な現象ではなく、日本を含むさまざまな国や地域でもみられるものである。

そうした点を踏まえた上で、私たちが考えていくべきは、定住者と移動者の二分法を乗り越えるような歴史や社会の把握の仕方をどのように構築していくことができるのか、ということになる。この展示は、そうした問いに対する明快な回答を提示しているわけではない。むしろ、この問いそのものを浮き彫りにしながら、展示を見る者、そして展示を企画した者に、大きな宿題を残している。

（原山浩介）

参考文献一覧

【採録方針】

＊原則として『歴博フォーラム　戦争と平和』所収の基調講演、コメント、パネルディスカッションで言及・注記された文献についてはすべて収録した。

＊「歴博フォーラム」参加者が執筆および編集した文献については、可能な限り掲載した。

＊【講座】は発行年順に文献を配列した。また、【戦争と平和関連文献】・【佐倉連隊関係】は著者名五十音順に収録した。同じ著者による複数の文献を収録する場合は、発行年順に並べた。

【講　座】

東京大学社会科学研究所編『ファシズム期の国家と社会』全八巻、東京大学出版会、一九七八―一九八〇

大江志乃夫ほか編『岩波講座　近代日本と植民地』全八巻、岩波書店、一九九二―一九九三

朝尾直弘ほか編『岩波講座　日本通史』18（近代3）・19（近代4）、岩波書店、一九九四―一九九五

小森陽一ほか編『岩波講座　近代日本の文化史』6（拡大するモダニティ）・7（総力戦下の知と制度）・8（感情・記憶・戦争）、岩波書店、二〇〇二

歴史学研究会・日本史研究会編『日本史講座』9（近代の転換）、10（戦後日本論）、東京大学出版会、二〇〇五

倉沢愛子ほか編『岩波講座　アジア・太平洋戦争』全八巻、岩波書店、二〇〇五―二〇〇六

【戦争と平和関連文献】

秋田茂・籠谷直人編『一九三〇年代のアジア国際秩序』溪水社、二〇〇一
秋元律郎『戦争と民衆——太平洋戦争下の都市生活』学陽書房、一九七四
『浅川伯教資料展——山梨の生んだ李朝陶磁器研究の先駆者』山梨県立美術館、一九八八
麻田貞雄『両大戦間の日米関係——海軍と政策決定過程』東京大学出版会、一九九三
荒井信一『原爆投下への道』東京大学出版会、一九八五
——『戦争責任論——現代史からの問い』岩波現代文庫、二〇〇五（初出一九九五）
——『空爆の歴史——終わらない大量虐殺』岩波新書、二〇〇八
荒川章二『軍隊と地域』青木書店、二〇〇一
蘭信三編著『日本帝国をめぐる人口移動の国際社会学』不二出版、二〇〇八
飯田市歴史研究所編『満州移民——飯田下伊那からのメッセージ』現代史料出版、二〇〇七
家永三郎『太平洋戦争』岩波現代文庫、二〇〇二
——『戦争責任』岩波現代文庫、二〇〇二
伊香俊哉『近代日本と戦争違法化体制——第一次世界大戦から日中戦争へ』吉川弘文館、二〇〇二
——『戦争の日本史22　満州事変から日中全面戦争へ』吉川弘文館、二〇〇七
石井寛治『日本の産業革命——日清・日露戦争から考える』朝日選書、一九九七
石田憲編『膨張する帝国　拡散する帝国——第二次大戦に向かう日英とアジア』東京大学出版会、二〇〇七
一ノ瀬俊也『近代日本の徴兵制と兵士』吉川弘文館、二〇〇四
——『銃後の社会史——戦死者と遺族』吉川弘文館、二〇〇五

――『戦場に舞ったビラ――伝単で読み直す太平洋戦争』講談社選書メチエ、二〇〇七
――『旅順と南京――日中五十年戦争の起源』文春新書、二〇〇七
――『宣伝謀略ビラで読む日中・太平洋戦争――空を舞う紙の爆弾「伝単」図録』柏書房、二〇〇八
井上寿一『危機のなかの協調外交――日中戦争に至る対外政策の形成と展開』山川出版社、一九九四
今泉裕美子「南洋群島」『具志川市史』第四巻、二〇〇二
入江　昭『日米戦争』中央公論社、一九七八
――（篠原初枝訳）『太平洋戦争の起源』東京大学出版会、一九九一
入江昭・有賀貞編『戦間期の日本外交』東京大学出版会、一九八四
岩田重則『ムラの若者・くにの若者――民俗と国民統合』未来社、一九九六
――『戦死者鎮魂のゆくえ』吉川弘文館、二〇〇三
上野千鶴子『ナショナリズムとジェンダー』青木書店、一九九八
上山和雄編『帝都と軍隊――地域と民衆の視点から』日本経済評論社、二〇〇二
臼井勝美『日本と中国――大正時代』原書房、一九七二
――『満州事変――戦争と外交と』中公新書、一九七四
――『日中外交史研究――昭和前期』吉川弘文館、一九九八
――『新版　日中戦争――和平か戦線拡大か』中公新書、二〇〇〇
内海愛子『朝鮮人ＢＣ級戦犯の記録』勁草書房、一九八二
――『スガモプリズン――戦犯たちの平和運動』吉川弘文館、二〇〇四
――『日本軍の捕虜政策』青木書店、二〇〇五

――『キムはなぜ裁かれたのか――朝鮮人BC級戦犯の軌跡』朝日選書、二〇〇八
内海愛子、G・マコーミック、H・ネルソン共編『泰緬鉄道と日本の戦争責任――捕虜とロームシャと朝鮮人と』明石書店、一九九四
江口圭一『十五年戦争小史　新版』青木書店、一九九一
――『日本帝国主義史研究』青木書店、一九九八
――『十五年戦争研究史論』校倉書房、二〇〇一
NHK「戦争証言」プロジェクト『証言記録　兵士たちの戦争』①～③、日本放送出版協会、二〇〇九
大石嘉一郎編『日本帝国主義史』全三巻、東京大学出版会、一九八五―一九九四
大江志乃夫『日露戦争の軍事史的研究』岩波書店、一九七六
――『兵士たちの日露戦争――五〇〇通の軍事郵便から』朝日選書、一九八八
――『バルチック艦隊――日本海海戦までの航跡』中公新書、一九九九
大門正克『日本の歴史15　戦争と戦後を生きる――一九三〇年代から一九五五年』小学館、二〇〇九
大門正克・安田常雄・天野正子『近代社会を生きる』、『戦後経験を生きる』吉川弘文館、二〇〇三
沖縄タイムス社編『鉄の暴風――現地人による沖縄戦記』朝日新聞社、一九五〇
大田昌秀『総史沖縄戦――写真記録』岩波書店、一九八二
――『那覇一〇・一〇大空襲――日米資料で明かす全容』久米書房、一九八四
大谷　正『兵士と軍夫の日清戦争――戦場からの手紙を読む』有志舎、二〇〇六
小田部雄次・林博史・山田朗『キーワード日本の戦争犯罪』雄山閣出版、一九九五
大沼保昭『サハリン棄民――戦後責任の点景』中公新書、一九九二

――『東京裁判から戦後責任の思想へ』東信堂、一九九七
大沼保昭・徐龍達『在日韓国・朝鮮人と人権　新版』有斐閣、二〇〇五
笠原十九司『南京事件』岩波新書、一九九七
加藤六月『兵隊盃――平和への無限の思い』総合政経懇話会出版部、一九八四
加藤陽子『模索する一九三〇年代――日米関係と陸軍中間層』山川出版社、一九九三
――『徴兵制と近代日本――一八六八～一九四五』吉川弘文館、一九九六
――『戦争の日本近現代史』講談社現代新書、二〇〇二
――『戦争の論理――日露戦争から太平洋戦争まで』勁草書房、二〇〇五
――『シリーズ日本近現代史⑤　満州事変から日中戦争へ』岩波新書、二〇〇七
――『それでも、日本人は「戦争」を選んだ』朝日出版社、二〇〇九
鹿野政直『兵士であること――動員と従軍の精神史』朝日選書、二〇〇五
加納実紀代『女たちの〈銃後〉　増補新版』インパクト出版会、一九九五
川口恵美子『戦争未亡人――被害と加害のはざまで』ドメス出版、二〇〇三
河野　仁『〈玉砕〉の軍隊、〈生還〉の軍隊――日米兵士が見た太平洋戦争』講談社選書メチエ、二〇〇一
北河賢三『日本史リブレット65　戦争と知識人』山川出版社、二〇〇三
木畑洋一『第二次世界大戦――現代世界への転結点』吉川弘文館、二〇〇一
喜多村理子『徴兵・戦争と民衆』吉川弘文館、一九九九
金賛汀『炎は闇の彼方に』日本放送出版協会、二〇〇二
小林啓治『戦争の日本史21　総力戦とデモクラシー――第一次世界大戦・シベリア干渉戦争』吉川弘文館、二

〇〇八
小林英夫『日本軍政下のアジア――「大東亜共栄圏」と軍票』岩波新書、一九九三
――『帝国日本と総力戦体制――戦前・戦後の連続とアジア』有志舎、二〇〇四
黒沢文貴『大戦間期の日本陸軍』みすず書房、二〇〇〇
郡司　淳『軍事援護の世界――軍隊と地域社会』同成社、二〇〇四
『国立歴史民俗博物館研究報告』第一〇一集（近現代の兵士の実像Ⅰ　村と戦場）、国立歴史民俗博物館、二〇〇三
『国立歴史民俗博物館研究報告』第一〇二集（近現代の兵士の実像Ⅱ　慰霊と墓）、国立歴史民俗博物館、二〇〇三
『国立歴史民俗博物館研究報告』第一二六集（近代日本の兵士に関する諸問題の研究）、国立歴史民俗博物館、二〇〇六
国立歴史民俗博物館『戦争体験の記録と語りに関する資料調査』1～4、非売品、二〇〇四―二〇〇五
在日韓人歴史博物館編『写真で見る在日コリアンの一〇〇年――在日韓人歴史資料館図録』明石書店、二〇〇八
酒井哲哉『大正デモクラシー体制の崩壊――内政と外交』東京大学出版会、一九九二
坂本悠一「福岡県における朝鮮人移民社会の成立――戦間期の北九州工業地帯を中心として」『青丘学術論集』第一三集、一九九八・一一
――「「日本帝国」における人の移動と朝鮮人」『朝鮮史研究会会報』第一五八号、二〇〇五
佐藤元英『昭和初期対中国政策の研究――田中内閣の対満蒙政策』原書房、一九九二

清水勲監修『別冊太陽　ビゴーが見た世紀末ニッポン』平凡社、一九九六
思想の科学研究会編『共同研究　転向』上・中・下、平凡社、一九五九―一九六二
杉原　達『越境する民――近代大阪の朝鮮人史研究』新幹社、一九九八
――――『中国人強制連行』岩波新書、二〇〇二
仙田実・仙田典子『昭和の遺言　十五年戦争――兵士たちが語った戦争の真実』文芸社、二〇〇八
庄司潤一郎「『戦史叢書』における陸海軍並立に関する一考察――「開戦経緯」を中心として」『戦史研究年報』第一二号、二〇〇九・三
ロナルド・タカキ（山岡洋一訳）『アメリカはなぜ日本に原爆を投下したのか』草思社、一九九五
高崎宗司『朝鮮の土となった日本人――浅川巧の生涯』草風館、一九八二
田中伸尚・波田永美・田中宏『遺族と戦後』岩波新書、一九九五
ジョン・W・ダワー『容赦なき戦争――太平洋戦争における人種差別』平凡社ライブラリー、二〇〇一
――――（明田川融監訳）『昭和――戦争と平和の日本』みすず書房、二〇一〇
高嶋雄三郎『増補版　崔承喜』むくげ舎、一九八一
高嶋雄三郎・鄭炳浩編『世紀の美人舞踊家崔承喜』エムティ出版、一九九四
筒井清忠『二・二六事件とその時代――昭和期日本の構造』ちくま学芸文庫、二〇〇六
鶴見俊輔『柳宗悦』平凡社、一九七六
――――『戦時期日本の精神史――一九三一～一九四五年』岩波現代文庫、二〇〇一、初出一九八二
東京都写真美術館『ジョルジュ・ビゴー展』東京新聞、二〇〇九
同志社大学人文科学研究所編『戦時下抵抗の研究』Ⅰ・Ⅱ、みすず書房、一九六八―一九六九

ピーター・ドウズ（小林英夫訳）『帝国という幻想――「大東亜共栄圏」の思想と現実』青木書店、一九九八
永井　和『日中戦争から世界戦争へ』思文閣出版、二〇〇七
中村隆英『昭和経済史』岩波現代文庫、二〇〇七
イアン・ニッシュ（関静彦訳）『戦間期の日本外交――パリ講和会議から大東亜会議まで』ミネルヴァ書房、二〇〇四
日本の空襲編集委員会編『日本の空襲』全一〇巻、三省堂、一九八〇―一九八一
日本の戦争責任資料センター編『ナショナリズムと「慰安婦」問題　新装版』青木書店、二〇〇三
秦　郁彦『増補版　南京事件――虐殺の構造』中公新書、二〇〇七
波多野澄雄『太平洋戦争とアジア外交』東京大学出版会、一九九六
服部龍二・土田哲夫・後藤春美『戦間期の東アジア国際政治』中央大学出版部、二〇〇七
服部龍二「村山談話と外務省」田中努編『日本論――グローバル化する日本』中央大学出版部、二〇〇七
原　朗編『日本の戦時経済――計画と市場』東京大学出版会、一九九五
原田敬一『国民軍の神話――兵士になるということ』吉川弘文館、二〇〇一
――『シリーズ日本近現代史③　日清・日露戦争』岩波新書、二〇〇七
――『戦争の日本史19　日清戦争』吉川弘文館、二〇〇八
林えいだい『重爆特攻さくら弾機――大刀洗飛行場の放火事件』東方出版、二〇〇五
林　博史『沖縄戦と民衆』大月書店、二〇〇一
――『BC級戦犯裁判』岩波新書、二〇〇五
水尾比呂志『評伝柳宗悦』筑摩書房、一九九二

三宅正樹『日独伊三国同盟の研究』南窓社、一九七五
本康宏史『軍都の慰霊空間――国民統合と戦死者たち』吉川弘文館、二〇〇二
広島市・長崎市原爆災害誌編集委員会編『原爆災害――ヒロシマ・ナガサキ』岩波現代文庫、二〇〇五
檜山幸夫『日清戦争』講談社、一九九七
――編『近代日本の形成と日清戦争――戦争の社会史』雄山閣出版、二〇〇一
藤井忠俊『国防婦人会――日の丸とカッポウ着』岩波新書、一九八五
――『兵たちの戦争――手紙・日記・体験記を読み解く』朝日選書、二〇〇〇
ベ・ヨンミン、野木香里「朝鮮人特攻隊員をどう考えるか」歴史教育者協議会『歴史地理教育』七三三、二〇〇八・八
藤原　彰『太平洋戦争史論』青木書店、一九八二
――『天皇制と軍隊　新装版』青木書店、一九九八
――『飢死した英霊たち』青木書店、二〇〇一
――『天皇の軍隊と日中戦争』大月書店、二〇〇六
藤原彰・今井清一編『十五年戦争史』全四巻、青木書店、一九八八―一九八九
細谷千博『両大戦間の日本外交――一九一四～一九四五』岩波書店、一九八八
細谷千博ほか編『太平洋戦争』東京大学出版会、一九九三
堀和生編『東アジア資本主義史論Ⅱ――構造と特質』ミネルヴァ書房、二〇〇八
松浦正孝『日中戦争期における経済と政治――近衛文麿と池田成彬』東京大学出版会、一九九五
前田哲男『戦略爆撃の思想　新訂版』凱風社、二〇〇六

水野直樹『創氏改名――日本の朝鮮支配の中で』岩波新書、二〇〇八
森山　優『日米開戦の政治過程』吉川弘文館、一九九八
屋嘉比収「沖縄戦における兵士と住民」『岩波講座アジア・太平洋戦争⑤戦場の諸相』岩波書店、二〇〇六
――『沖縄戦、米軍占領史を学びなおす――記憶をいかに継承するか』世織書房、二〇〇九
安井三吉『柳条湖事件から盧溝橋事件へ――一九三〇年代華北をめぐる日中の対抗』研文出版、二〇〇三
安田常雄「地域の中の戦争」『裾野市史研究』4、一九九二
――「戦争とメディア・序論――思想史的視角から」東京歴史科学研究会『人民の歴史学』一六一、二〇〇四
矢野敬一『慰霊・追悼・顕彰の近代』吉川弘文館、二〇〇六
山田　朗『軍備拡張の近代史――日本軍の膨張と崩壊』吉川弘文館、一九九七
――編『外交資料　近代日本の膨張と侵略』新日本出版社、一九九七
――『昭和天皇の軍事思想と戦略』校倉書房、二〇〇二
――『戦争の日本史20　世界史の中の日露戦争』吉川弘文館、二〇〇九
山田昭次・古庄正・樋口雄一『朝鮮人戦時労働動員』岩波書店、二〇〇五
山之内靖ほか編『総力戦と現代化』柏書房、一九九五
山室信一『増補版　キメラ――満州国の肖像』中公新書、二〇〇四
ルイーズ・ヤング（加藤陽子ほか訳）『総動員帝国――満州と戦時帝国主義の文化』岩波書店、二〇〇一
油井大三郎『なぜ戦争観は衝突するか――日本とアメリカ』岩波現代文庫、二〇〇七
吉沢　南『戦争拡大の構図――日本軍の「仏印進駐」』青木書店、一九八六

吉田　裕『天皇の軍隊と南京事件――もうひとつの日中戦争史』青木書店、一九八六
――「昭和天皇と戦争責任」網野善彦ほか編『岩波講座　天皇と王権を考える』第一巻（人類社会の中の天皇と王権）岩波書店、二〇〇二
――『日本の軍隊――兵士たちの近代史』岩波新書、二〇〇二
――『日本人の戦争観――戦後史のなかの受容』岩波現代文庫、二〇〇五、初出一九九五
――『シリーズ日本近現代史⑥　アジア・太平洋戦争』岩波新書、二〇〇七
――「なぜ、いま、「戦場」を問題にするのか」歴史教育者協議会『歴史地理教育』七四八、二〇〇九・八
吉田裕・森茂樹『戦争の日本史23　アジア・太平洋戦争』吉川弘文館、二〇〇七
吉見義明『草の根のファシズム――日本民衆の戦争体験』東京大学出版会、一九八七
――編・解説『従軍慰安婦資料集』大月書店、一九九二
――『従軍慰安婦』岩波新書、一九九五
米山リサ『広島　記憶のポリティクス』岩波書店、二〇〇五
琉球弧を記録する会『島クトゥバで語る戦世《いくさゆ》――一〇〇人の記録』二〇〇三
琉球弧を記録する会『戦争と記憶　島クトゥバで語る戦世―五〇〇人の記録』ゆめあーる発行、二〇〇三
劉　傑『日中戦争下の外交』吉川弘文館、一九九五

【佐倉連隊関係】

大岡昇平『レイテ戦記』（文庫本上・中・下　初版）中央公論社、一九七四
『国立歴史民俗博物館研究報告』第一三一集（佐倉連隊と地域民衆）、国立歴史民俗博物館、二〇〇六

佐倉市総務部行政管理課佐倉市史編さん担当『佐倉連隊聞き書き集1　歩兵五十七連隊の記憶』佐倉市、二〇〇三
――――『佐倉連隊聞き書き集2　歩兵第五十七連隊の記憶――レイテ・グアムの記憶』佐倉市、二〇〇四
――――『佐倉連隊聞き書き集3　歩兵第五十七連隊の記憶――鎮魂・平和』佐倉市、二〇〇五
佐倉市史編さん委員会『佐倉市史　巻三』佐倉市、一九七九
鈴木　茂『歩兵第五十七連隊小史』五七会、一九九五
長嶺秀雄『戦場　学んだこと、伝えたいこと〈新装版〉』並木書房、二〇〇三

【報告者・執筆者紹介】　※報告・掲載順

加藤陽子（かとう　ようこ）

東京大学大学院人文社会系研究科教授

『徴兵制と近代日本』吉川弘文館、2002年

『シリーズ日本近現代史⑤満州事変から日中戦争へ』岩波新書、2007年

『それでも日本人は「戦争」を選んだ』朝日出版社、2009年　ほか。

吉田　裕（よしだ　ゆたか）

一橋大学大学院社会学研究科教授

『日本の軍隊』岩波新書、2002年

『日本人の戦争観』岩波現代文庫、2005年

『シリーズ日本近現代史⑥アジア・太平洋戦争』岩波新書、2007年　ほか。

原田敬一（はらだ　けいいち）

佛教大学文学部教授

『シリーズ日本近現代史③日清・日露戦争』岩波新書、2007年

『日清戦争』吉川弘文館、2008年

『帝国議会誕生』文英堂、2006年　ほか。

杉原　達（すぎはら　とおる）

大阪大学大学院文学研究科教授

『越境する民－近代大阪の朝鮮人史研究』新幹社、1998年

『中国人強制連行』岩波新書、2002年

「帝国の経験」『岩波講座　アジア・太平洋戦争』第１巻、岩波書店、2005年　ほか。

樋口雄彦（ひぐち　たけひこ）

国立歴史民俗博物館　研究部歴史研究系准教授

『旧幕臣の明治維新　沼津兵学校とその群像』吉川弘文館、2005年

『沼津兵学校の研究』吉川弘文館、2007年　ほか。

原山浩介（はらやま　こうすけ）

国立歴史民俗博物館　研究部歴史研究系助教

『食の共同体　動員から連帯へ』ナカニシヤ出版、2008

「20世紀における鉄道不在地域の観光地化過程―長野県戸隠をめぐって―」『国立歴史民俗博物館研究報告』（第155集）2010年　ほか。

【編者紹介】

安　田　常　雄（やすだ　つねお）

国立歴史民俗博物館副館長

同館研究総主幹、歴史研究系教授

『近現代日本社会の歴史　戦後経験を生きる』（共編）吉川弘文館、2003年

「戦争とメディア序論」『人民の歴史学』161　2004年

『日本史講座　戦後日本論』（共編）東京大学出版会、2005年　ほか。

歴博フォーラム　戦争と平和

—総合展示第6室〈現代〉の世界①—

初版印刷　2010年3月15日

初版発行　2010年3月25日

編　者　国立歴史民俗博物館

安　田　常　雄

発行者　松　林　孝　至

発行所　株式会社　東京堂出版

101-0051　東京都千代田区神田神保町1－17

振替　00130-7-270

ISBN978-4-490-20693-7　C1021　Printed in Japan.

＊定価は全て本体価格＋消費税です。

歴博フォーラム　占領下の民衆生活　国立歴史民俗博物館　原山浩介　編　続刊

歴博フォーラム　戦後日本の大衆文化　国立歴史民俗博物館　安田常雄　編　続刊

近代日本のなかの「韓国併合」　安田常雄　趙景達　編　本体二〇〇〇円

コモンズと文化—文化は誰のものか—　山田奨治　編　本体二八〇〇円

国際ビジネスマンの誕生　阪田安雄編著　本体二九〇〇円

一九世紀の政権交代と社会変動　大石学　著　本体二二〇〇円